Falko Daim (Hrsg.)

Heldengrab im Niemandsland

Ein frühungarischer Reiter aus Niederösterreich

MOSAIKSTEINE

Forschungen am

Römisch-Germanischen Zentralmuseum

Band 2

Römisch-Germanisches
Zentralmuseum
Forschungsinstitut für
Vor- und Frühgeschichte

R G Z M

Römisch-Germanisches Zentralmuseum
Forschungsinstitut für Vor- und Frühgeschichte

Falko Daim (Hrsg.)

Heldengrab im Niemandsland

Ein frühungarischer Reiter aus Niederösterreich

Begleitbuch zur gleichnamigen Ausstellung des RGZM
14. September bis 19. November 2006

Verlag des Römisch-Germanischen Zentralmuseums **Mainz 2007**

Inhaltsverzeichnis

Redaktion, Bildbearbeitung und Layout:
Evelyn Bott, Hans G. Frenz, Volker Iserhardt, Reinhard Köster, René Müller, Michael Ober, Fuhrer Visuelle Gestaltung OEG (Wien).

Bibliografische Information der Deutschen Nationalibliothek
Die Deutsche Nationalbibliothek verzeichnet diese Publikation in der Deutschen Nationalbibliografie; detaillierte bibliografische Daten sind im Internet über **http://dnb.d-nb.de** abrufbar.

2. verbesserte Auflage
ISBN 978-3-88467-106-1
ISSN 1861-2938

Herstellung: betz-druck GmbH, Darmstadt
Printed in Germany

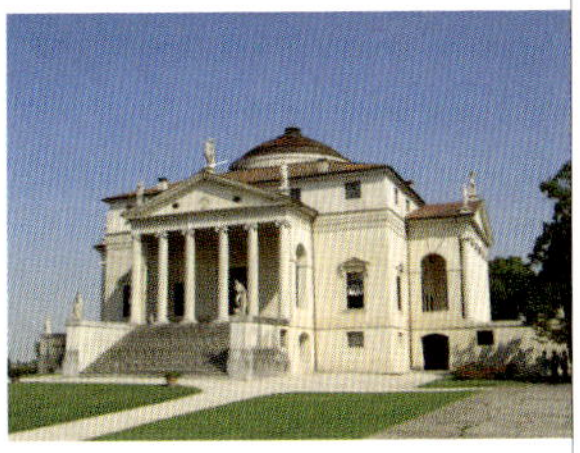

Vorwort

Stellen Sie sich unsere Ausstellung als die Villa Rotonda in Vicenza vor, einen kleinen Palast mit vier gleichen Fassaden und vier gleichberechtigten Eingängen.

1. Der erste gewährt einen Blick auf ein individuelles Schicksal im 10. Jahrhundert. Ein 14-jähriger Junge, unheilbar krank und doch ein gewandter Krieger, aufwändig und mit wertvollen alten Ausrüstungsgegenständen begraben: Wen würde sein Ende nicht berühren?

2. Der zweite ist für Kunstbegeisterte und Liebhaber von Sensationen aller Art. Die frühen Ungarn hatten Ausrüstungsgegenstände und Schmuck von exotischer Schönheit. Säbel, Gürtelbeschläge, Taschendeckplatten mit Palmetten, Ranken, selten auch mit abstrakten Tieren verziert. Einige der schönsten sind hier zusammengetragen. Sie helfen uns, ein Kapitel der europäischen Geschichte zu erzählen und werden ergänzt durch viele andere Funde aus ihrem Umfeld.

3. Der dritte ist der wissenschaftliche Zugang. Viele Wissenschaften waren an der Erforschung des Grabes von Gnadendorf beteiligt, die Anthropologie, Archäozoologie, Numismatik, mittelalterliche Geschichte, Archäometallurgie und andere. Die moderne Archäologie und die Kriminalistik haben viel miteinander gemein. In beiden Fällen geht es um die Motive für menschliches Handeln, die anhand von Überbleibseln rekonstruiert werden sollen. Der Forschungsprozeß in der Archäologie ist oft noch aufregender als die prächtigsten Funde, die wir dem Boden entrissen haben. Die Entdeckung des Kriegergrabes von Gnadendorf hat eine heftige Diskussion in der Archäologie ausgelöst, bei der es sowohl um methodische als auch um Fragen der historischen Interpretation geht. Der vorliegende Band macht die unterschiedlichen Standpunkte deutlich.

4. Der vierte Zugang könnte als der politisch-idealistische bezeichnet werden: Wir haben das große Glück, in einem Europa der Kulturenvielfalt zu leben, einer politischen Union großer und kleiner Völkerschaften und Sprachregionen. Natürlich kommt es zwischen Kulturen immer wieder zu Konflikten, oft aufgrund von Missverständnissen, die in unterschiedlichen Wertsystemen, anderen Umgangsformen und Traditionen begründet liegen. Wollen wir das Zusammenleben in unserem gemeinsamen Haus Europa weiter verbessern, sollten wir uns besser kennen lernen. Ein guter Weg dazu führt über die Vergangenheit und dann weiter in die Zukunft. Denn die menschlichen Kulturen sind von der Geschichte geprägt. Vieles an den Menschen von heute lässt sich durch deren Geschichte erklären. In unserer Ausstellung beschäftigen wir uns mit der Frühgeschichte der Ungarn, einem traditionsbewussten Volk mit sehr melodischer Sprache im östlichen Mitteleuropa. Heute sind ihnen die großen Erfolge ihrer Vorfahren als blitzschnelle und gewandte Reiterkrieger am Ende des 9. und in der ersten Hälfte des 10. Jahrhunderts eher peinlich. Wir nennen hier die Dinge beim Namen, das sind wir den Opfern von damals schuldig, doch sind die Raubzüge aus der politischen Konstellation des 9./10. Jahrhunderts und aus dem Wertsystem einer frühmittelalterlichen Reiterkriegergesellschaft zu erklären. Spannend ist aber auch die völlige Umwandlung dieser frühungarischen Gesellschaft in einen westlich-mittelalterlichen Staat auf christlicher Grundlage, den die Ungarn bald nach der großen Niederlage am Lechfeld innerhalb von zwei Generationen vollzogen haben.

So ist für jeden etwas dabei. Doch am meisten Freude werden diejenigen Besucher haben, die alle Zugänge benützen und unsere Exponate von verschiedenen Seiten betrachten.

Ich bedanke mich bei den Leihgebern, bei den Mitarbeitern und Mitarbeiterinnen des RGZM, die geholfen haben, das »Heldengrab im Niemandsland« in Szene zu setzen und das vorliegende Begleitbuch zur Ausstellung herauszubringen. Besonderen Dank auch den Autoren und Autorinnen aus Deutschland, Österreich und Ungarn! Allen Besuchern und Besucherinnen wünschen wir viele spannende Einsichten und viel Freude mit der Archäologie!

Falko Daim

Ungarn im Zeitalter der Landnahme und der Staatsgründung

László Révész

Die Ungarn sprechen eine Sprache, die der finno-ugrischen Sprachfamilie angehört. Den Erkenntnissen der Sprachwissenschaft zufolge, soll ein erkennbar eigenständiges ungarisches Volk schon um die Mitte des 1. Jahrtausends v. Chr. entstanden sein, dessen Heimat in den weiten Steppen südöstlich des Ural, an den Flüssen Ob, Irtyš und Išim gelegen habe. Durch archäologische Funde ist diese These allerdings nicht zu beweisen.

Siedlungsgebiete der Ungarn vor ihrer Einwanderung in das Karpatenbecken

Die Ungarn waren vorwiegend Viehzüchter und führten ein nomadisches Leben. Im Zuge ihrer häufigen, oft tausende Kilometer umfassenden Wanderungen gelangten sie – vermutlich um 500 n. Chr. – in das Gebiet zwischen der mittleren Wolga und dem Ural, das mittelalterliche Chroniken als *Magna Hungaria* bezeichneten (Abb. 1). Einige Gruppen des ungarischen Volkes fanden dort ihr endgültiges Zuhause. Ihre Nachkommen hat der Dominikanermönch Julianus dort noch im Jahre 1236 angetroffen. Er war eigens ausgezogen, um die verbliebenen ungarischen Volksgruppen aufzuspüren.

Die Mehrheit der Bevölkerung dürfte jedoch um das Jahr 700 in die Gegend der Flüsse Wolga, Don und Donez abgewandert sein. Nach dem ersten namentlich bekannten Stammesfürsten Lebedias bezeichnete man dieses Gebiet als »Levedia«. Hier wurden die Ungarn enge Nachbarn des chasarischen Khaganats, das in dieser Region eine Großmacht darstellte. Da sie bis zum Jahre 850 ein feindliches Verhältnis zu den Chasaren entwickelten, zogen die so genannten Altungarn weiter, und zwar in das Gebiet zwischen Dnjepr und

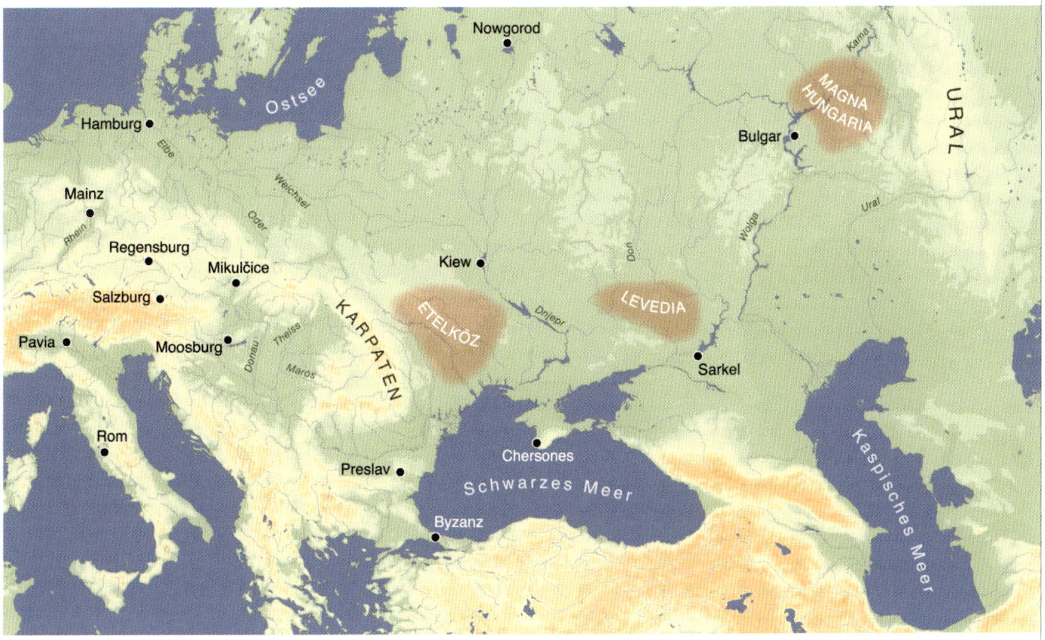

ABB. 1 Mutmaßliche Lage von Siedlungsgebieten der Ungarn vor ihrer Einwanderung in das Karpatenbecken, rekonstruiert aus vereinzelten Angaben in den erhaltenen Schriftquellen.

Dnjestr. Den Angaben des byzantinischen Kaisers Konstantin Porphyrogenitos zufolge nannten sie dieses Land »Etelköz«, d.h. Zwischenstromland (Abb. 1). Schriftliche Quellen berichten über umherstreifende ungarische Kriegergruppen, die aus dieser Region kamen. Sie drangen seit dem Jahr 862 mehrmals in das Karpatenbecken ein, um dort in die Auseinandersetzungen zwischen Franken und Mährern einzugreifen, meist als Verbündete einer der beiden Parteien. Durch diese Kriegszüge lernten die Ungarn die Region, die bald ihre endgültige Heimat werden sollte, genau kennen.

Die ungarische Landnahme im Karpatenbecken

Der maßgebliche Grund für ihre Abwanderung in den mittleren Donauraum – die sog. Landnahme – war ein Angriff, den die Petschenegen 895 auf die ungarischen Siedlungsplätze in dem Zwischenstromland Etelköz unternommen hatten. Im Karpatenbecken könnten die Ungarn östlich der Donau noch eine awarische »Restbevölkerung« vorgefunden haben. Die Randgebiete waren von slawischen Völkern besiedelt, und Transdanubien (die ehemals römische Provinz Pannonien) stand unter fränkischer Oberhoheit. Ihre neue Heimat nahmen die Ungarn in mehreren Etappen unter der Führung des Großfürsten Árpád in Besitz. Zuerst ließen sie sich in der Großen Tiefebene östlich der Donau sowie in Siebenbürgen nieder und drangen anfangs nur entlang der Flusstäler in die Bergregion ein. Im Jahre 899 fielen ungarische Reiterscharen als Verbündete des ostfränkischen Kaisers Arnulf (887–899) in Norditalien ein, um die Herrschaft seines Widersachers Berengar I. (888–924) zu beenden. Im September des gleichen Jahres besiegten sie das Heer Berengars in der Schlacht am Fluss Brenta. Daraufhin eroberten sie nach ihrer Rückkehr in die Heimat die pannonischen Besitztümer des inzwischen verstorbenen Arnulf. Im Jahre 902 zerschlugen die Ungarn das nördlich der Donau gelegene mährische Fürstentum – das sog. Großmähren mit der Hauptstadt Mikulčice – und verleibten sich dessen Ländereien gleichfalls ein. Dadurch waren (grob skizziert) die mehr als 1000 Jahre lang bestehenden Grenzen Ungarns festgelegt. Die Angriffe der fränkischen Herrscher (902 und 907), die die neue machtpolitische Situation nicht akzeptieren wollten, konnten die Ungarn erfolgreich zurückschlagen.

Die Ungarneinfälle der ersten Hälfte des 10. Jahrhunderts

Einer der ungarischen Fürsten, Kurszán , wurde im Jahre 904 von den Bayern bei einem Festgelage in eine Falle gelockt und heimtückisch ermordet. Als Vergeltung begannen die Ungarn mit verheerenden Raubzügen nach Sachsen, Thüringen, Schwaben, Lothringen und Burgund. Vereinzelt gelangten sie sogar bis nach Dänemark (915) und auf die Iberische Halbinsel (942). Im Jahre 904 schlossen sie mit König Berengar I. Frieden. Der zweite norditalienische Herrscher und seine Nachfolger verpflichteten sich bis zum Jahre 951 zu der jährlichen Zahlung eines Tributs an die Anführer der ungarischen Stammesverbände. Im Laufe dieses halben Jahrhunderts baten die italischen Herrscher und sogar der Papst die Ungarn im Kampf gegen ihre Rivalen um Hilfe, woraufhin ihre Reiterscharen in Pavia (924), Rom (927, 933 und 940), Apulien (922, 927 und 947), in der Toskana (927) und im Zuge eines im Jahre 937 durchgeführten Feldzuges in der Gegend von Capua, Benevent, Neapel und Montecassino auftauchten. Diese Angriffe ungarischer Krieger kamen unerwartet. Die einzigen hilfreichen Abwehrmaßnahmen dagegen waren die Bildung von Schutzzonen und die Ansiedlung der auf dem Land verstreut lebenden Bevölkerung in der Nähe der Festungen. Das durch den lokalen Adel eingeleitete Burgenbau-Programm bestimmte die Entwicklung der italischen Gesellschaft über mehrere Generationen hinweg.

Ein ähnlicher Prozess spielte sich auch in den fränkischen (besonders in den ostfränkischen) Gebieten ab. Ähnlich wie die Lombardei verbündete sich auch Bayern mit den Ungarn. Seine Gebiete wurden von da an als Aufmarschgebiet und Ausgangsbasis (917–937) für die Beutezüge genutzt. Zwischen den Jahren 926 und 932 erkaufte sich der ostfränkische König Heinrich I. (919–936) von den ungarischen Fürsten einen Waffenstillstand durch die Zahlung eines jährlichen Tributs. Den immer mächtiger werdenden deutschen Herrschern Heinrich I. und Otto I. (936–973) gelang es schließlich, die ungarischen Streif- und Beutezügen Richtung Westen zu beenden. Zuerst brachten sie die mit den Ungarn verbündeten Gebiete der Lombardei und Bayerns unter ihre Kontrolle. Dann erlitt das ungarische Heer durch König Otto I. im Jahre 955 in der Schlacht auf dem Lechfeld bei Augsburg eine vernichtende Niederlage. Die Ungarn führten danach noch Feldzüge gegen Byzanz; doch setzte die Schlacht bei Arkadiopolis im Jahre 970 auch diesen Vorstößen ein Ende.

Gründe für die militärischen Erfolge der Ungarn

Die mehr als ein halbes Jahrhundert andauernden militärischen Erfolge der Ungarn sind durch mehrere Faktoren zu erklären. Die Nachfolgestaaten des ehemaligen Reiches Karls des Großen befanden sich zu dieser Zeit in einem Zustand großer Zerrissenheit; eine starke zentrale Macht fehlte. Stattdessen lagen die unzähligen kleinen und großen adligen Grundbesitzer in dauerhaftem Streit miteinander. Das machte für eine lange Zeit den organisierten Widerstand gegen den neuen Gegner nicht nur unmöglich. Vielmehr griffen die Ungarn zum Teil sogar auf ihre Aufforderung hin in die Plänkeleien ein. Die an sich gut ausgerüsteten, aber schwerfälligen westlichen Armeen waren auf die neue Kampftechnik nicht vorbereitet, so dass die streng gelenkten ungarischen Reitertruppen ihre Reihen mühelos durchbrechen konnten. Diese bewegten sich mit großer Wendigkeit und waren nur leicht bewaffnet. Ihre typische Kampfweise beruhte auf unerwarteten, blitzschnellen Angriffen und der Scheinflucht. Dadurch wurden die Krieger der Franken getäuscht und durch den Pfeilregen der Ungarn, die aus ihren Verstecken ausbrachen, vernichtet.

Das schriftlich überlieferte Erscheinungsbild der Ungarn

Die Streif- und Beutezüge waren das einzige Charakteristikum, das die westeuropäischen Chronisten von den Ungarn wahrgenommen haben. Dadurch entstand ein dunkles und verzerrtes Bild von den Neuankömmlingen, die die Mehrzahl der zeitgenössischen Autoren nie zu Gesicht bekommen hatten und für deren Heimatland sie auch nicht das geringste Interesse aufbrachten. Allerdings kann wohl kaum ein objektiver Bericht von einem Mönch erwartet werden, dessen Kloster gerade abgebrannt worden war. Während byzantinische und arabische Kaufleute, Diplomaten und Herrscher sich bemühten, jede brauchbare Information über die sie umgebenden Völker aufzuzeichnen, übernahmen die Mönche der westlichen Klöster die alten Gemeinplätze der antiken Autoren. Sie übertrugen deren Beschreibungen von Skythen, Hunnen und Awaren (die bereits zu ihrer Zeit recht einseitig und voreingenommen waren) auch auf die Ungarn und betrachteten die »Söhne der Steppe« mit dem Hochmut von Menschen, die zurückgezogen hinter Mauern leben. Nach ihrer Meinung waren die Eindringlinge ausschließlich primitiv, zurückgeblieben, grausam und zu jeglicher kreativer oder produktiver Arbeit außerstande.

Sozialgeschichtliche Auswertung der archäologischen Funde im Karpatenbecken

Konkrete Einblicke in Wirtschaft, Gesellschaft, Glaubenswelt und Kunst der Ungarn im 10. Jahrhundert vermitteln uns dagegen – außer der Überlieferung späterer Zeit – vor allem die archäologischen Funde. An der Spitze der stark differenzierten Gesellschaft stand der Großfürst (Abb. 2). Seit den letzten Jahrzehnten des 9. Jahrhunderts ging er aus dem Geschlecht der Arpaden hervor (in einer kurzen Übergangszeit, gerade zur Zeit der Landnahme, ist bei den Ungarn ein nach chasarischem Vorbild gestaltetes Doppelfürstentum zu beobachten, das aus dem kündü, dem Hauptkönig göttlicher Abstammung, und dem gyula, einem mit praktischen Aufgaben betrauten Unter-

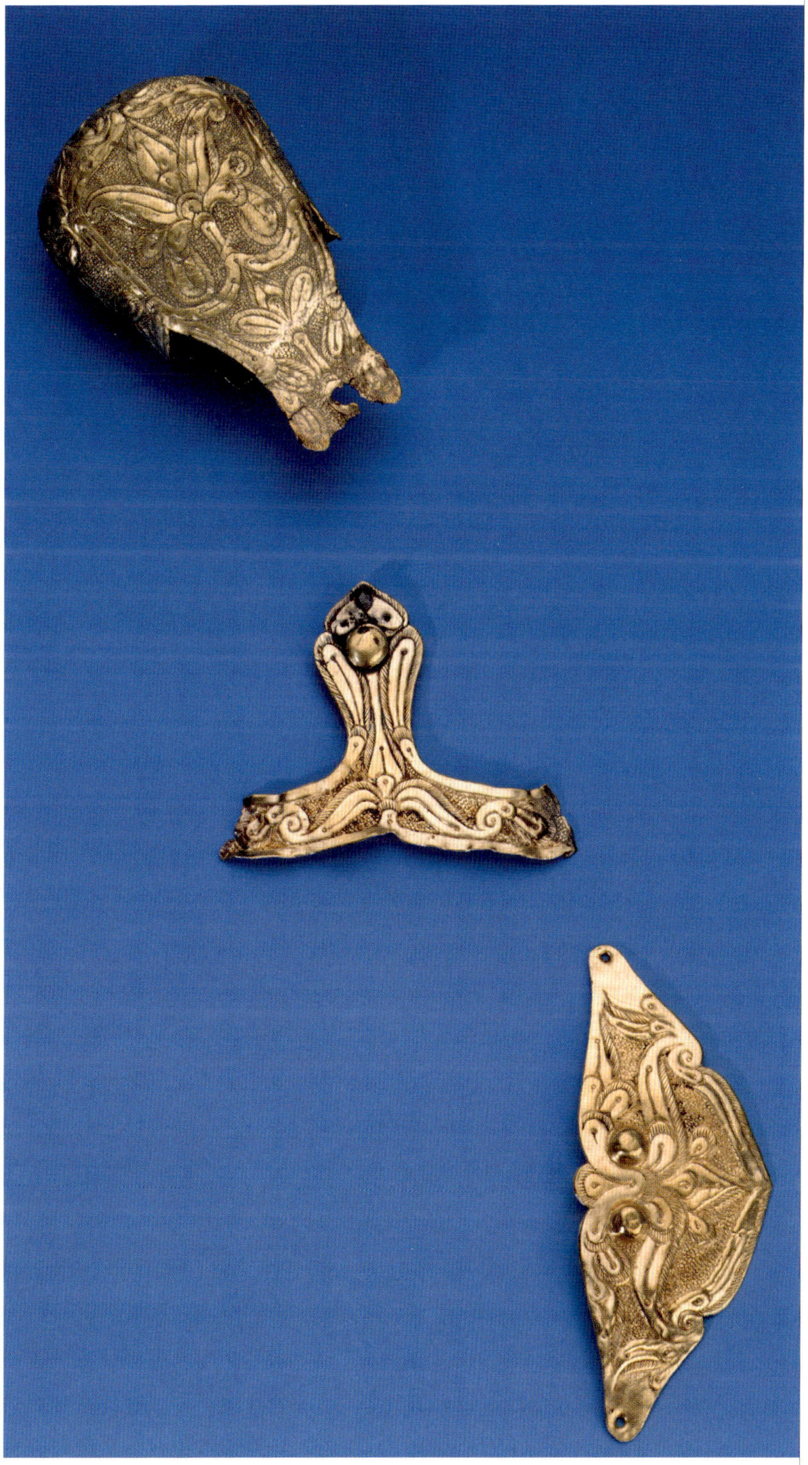

ABB. 2 Goldbeschläge des Säbelgriffs und der Säbelscheide aus dem ungarischen Fürstengrab von Geszteréd (Kom. Szabolcs-Szatmár) mit gefiedertem Pflanzendekor auf flächig punziertem Hintergrund, spätes 9. bis frühes 10. Jahrhundert. Jósa A. Múzeum Nyiregyháza.

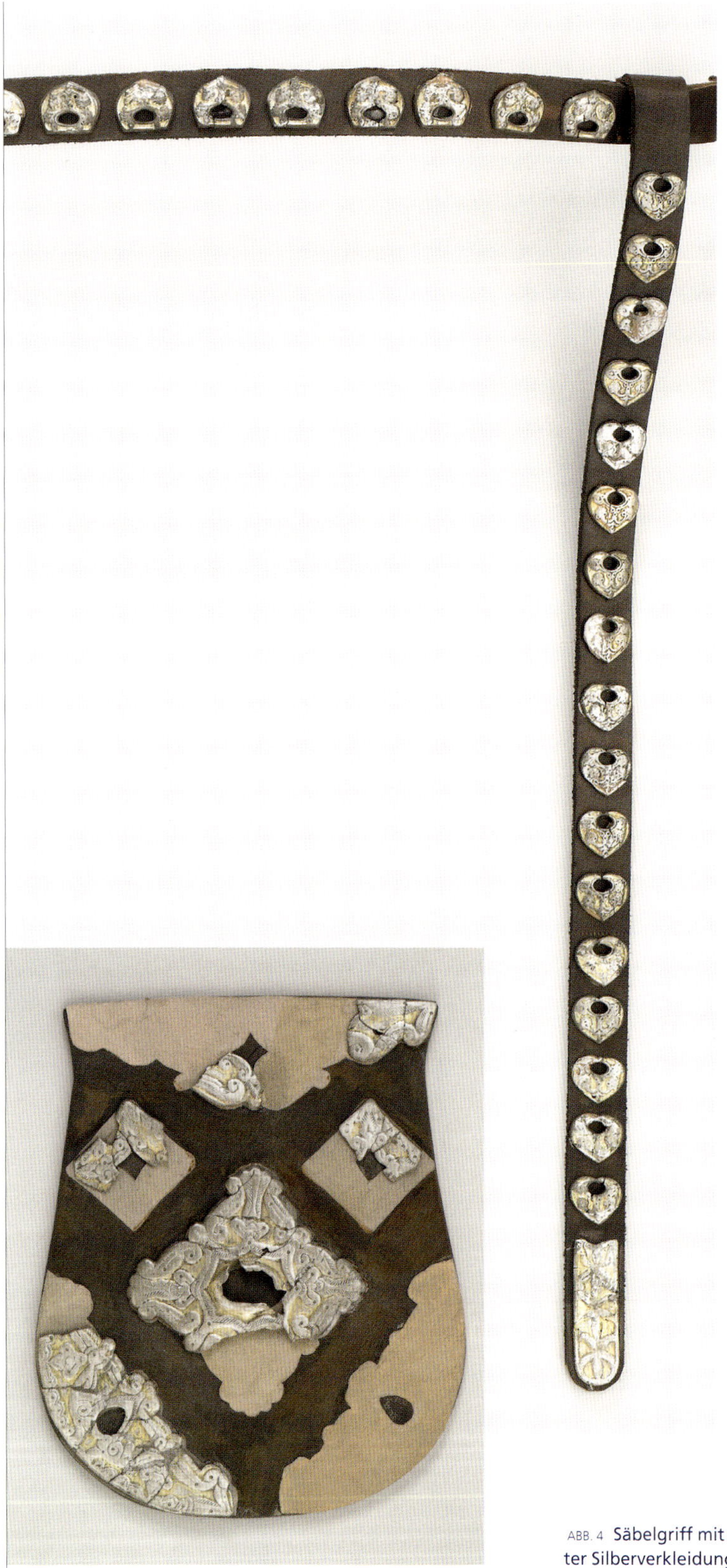

ABB. 3 Vergoldete Silberbeschläge des Gürtels und des Taschendeckels aus dem reichen, ungarischen Kriegergrab von Budapest-Farkasrét, spätes 9. bis frühes 10. Jahrhundert. Ungarisches Nationalmuseum Budapest.

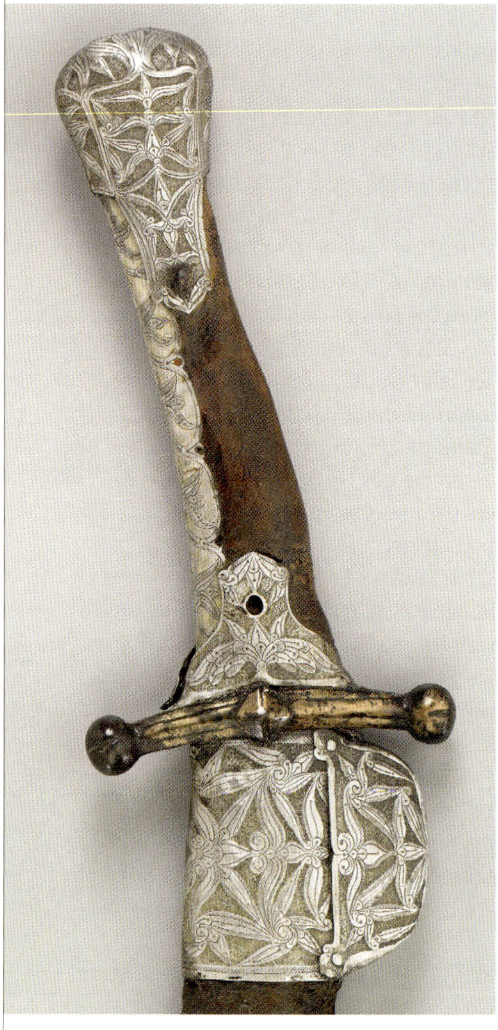

ABB. 4 Säbelgriff mit vergoldeter Silberverkleidung aus dem münzdatierten, ungarischen Kriegergrab 52 des Gräberfeldes II von Karos (Kom. Borsod-Abaúj-Zemplén), erstes Drittel des 10. Jahrhunderts. Herman O. Múzeum Miskolc.

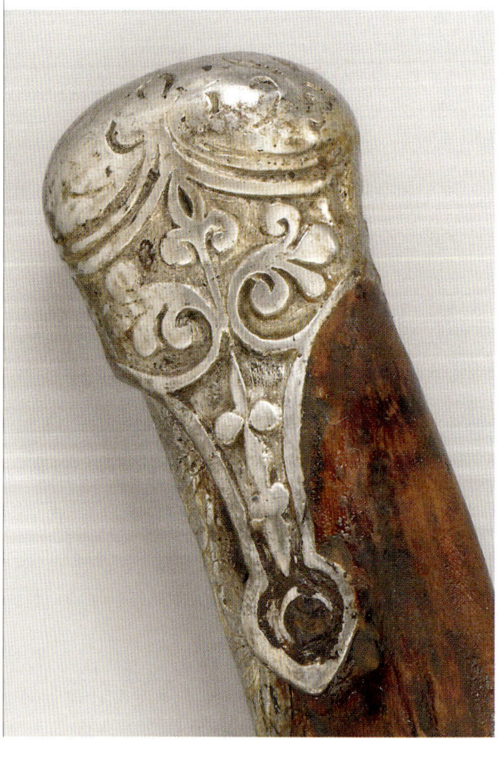

ABB. 5 Detailansichten vom vergoldeten Silberknauf und der Tragöse an der Scheide des Säbels, der im reichen Kriegergrab 11 des Gräberfeldes III von Karos (Kom. Borsod-Abaúj-Zemplén) gelegen hat, spätes 9./frühes 10. Jahrhundert. Herman O. Múzeum Miskolc.

könig, bestand). Die Stämme wurden bereits auf politischer Basis und nicht mehr nach Blutsverwandtschaft organisiert. Stammesfürsten lenkten sie. Der den Großteil der Gesellschaft ausmachende, so genannte mittlere Stand bestand aus zahlreichen Familien aus verschiedenen Vermögens- und Gesellschaftsverhältnissen. Zu freien Geschlechtern vereint bildeten sie die einzelnen Stämme. Aus ihren Reihen stammten die Gefolgsleute der Fürsten, sowohl der Stammes-, als auch der Sippenfürsten; sie stellten in erster Linie die Teilnehmer der Streif- und Beutezüge. Die von ihnen getragenen Würdezeichen zeigten den Stand der Anführer der Gefolgschaft (im Besonderen die des Fürsten). Ihre Gürtel (Abb. 3) sowie die daran befestigten Waffen (Abb. 4–5) und Gebrauchsgegenstände, aber auch ihre Pferdegeschirre waren mit vergoldeten silbernen oder goldenen Beschlägen verziert. Auf ihren Pfeilköchern waren auffällige Sonnensymbole (Abb. 7) zu sehen. Sie zeigten, dass der betreffende Ungar seinen Militärdienst in unmittelbarer Nähe seines Fürsten leistete.

Die ärmeren Familien des mittleren Standes betrieben Viehzucht und Ackerbau. Sie dienten nur gelegentlich beim Militär. Zu dieser Schicht gehörten außerdem die Volksgruppen fremder Herkunft (z.B. chasarische Kabarden, Szekler, Petschenegen), die sich bereits in der osteuropäischen Steppe den Ungarn angeschlossen hatten und die auch die Verteidigung der Grenzen übernahmen.

Die untere und breiteste Schicht bildeten die alteingesessene Bevölkerung des Karpatenbeckens sowie jene Ungarn, die sich in den Siedlungen niederließen. Ihre Dörfer wurden jeweils um das Zentrum eines reichen Geschlechts angelegt, für das sie verschiedene Leistungen zu erbringen hatten. Die Leistungen bzw. Berufsgruppen wirkten namengebend für die Dörfer: z.B. Ackermann (Szántó), Gerber (Tímár), Schmied (Kovácsi), Zimmermann (Ács), Fischer (Halász) usw.

Wirtschaftliche Lebensgrundlagen der Ungarn

Die Wirtschaft der Ungarn war genauso differenziert wie ihre Gesellschaft. Manche ihrer Gruppen betrieben hauptsächlich Großviehzucht (das Karpatenbecken ist für die klassische nomadische Viehzucht nicht geeignet, und die geographischen Gegebenheiten machten längere Wege für den Weidewechsel auch nicht nötig). Bei der Mehrzahl handelte es sich jedoch um ansässige oder sesshaft werdende Ackerbauern. Noch in ihrer alten Heimat Levedia hatten die Ungarn die Kunst des Gartenbaus sowie des Weinanbaus von den Alanen übernommen, die vom Kaukasus in die Steppe gezogen waren. Daher brachten die ungarischen Bauern aus den östlichen Siedlungsgebieten eine besonders große Kenntnis vom Ackerbau in ihre neue Heimat mit.

Sie pflanzten meist Weizen, Gerste sowie Hirse an. Die Schmiede fertigten meisterhaft Waffen, Gebrauchsgegenstände oder Werkzeuge aus Roheisen. Gewonnen wurde das Roheisen aus dem oberirdischen bzw. in der Nähe der Erdoberfläche abgebauten Eisenerz, das in Schmelzöfen geschmolzen wurde. Es existierten Bogenmacher, Sattler, Töpfer, Goldschmiede und Betreiber unzähliger anderer Gewerbe. Sie stellten im Alltag unentbehrliche Produkte oder qualitativ anspruchsvolle Schmuckstücke und Kleiderzierden her. Ihre Kunst speiste sich aus mehreren Quellen (Abb. 6); in ihr vereinten sich östliche und byzantinische Elemente ebenso wie solche aus der Steppe. Dennoch nahm sie unverwechselbare ungarische Charakteristika an. Die für den Lebensunterhalt unerlässlichen und grundlegenden Produkte sind also von den Ungarn keinesfalls auf ihren Beutezügen geraubt worden .

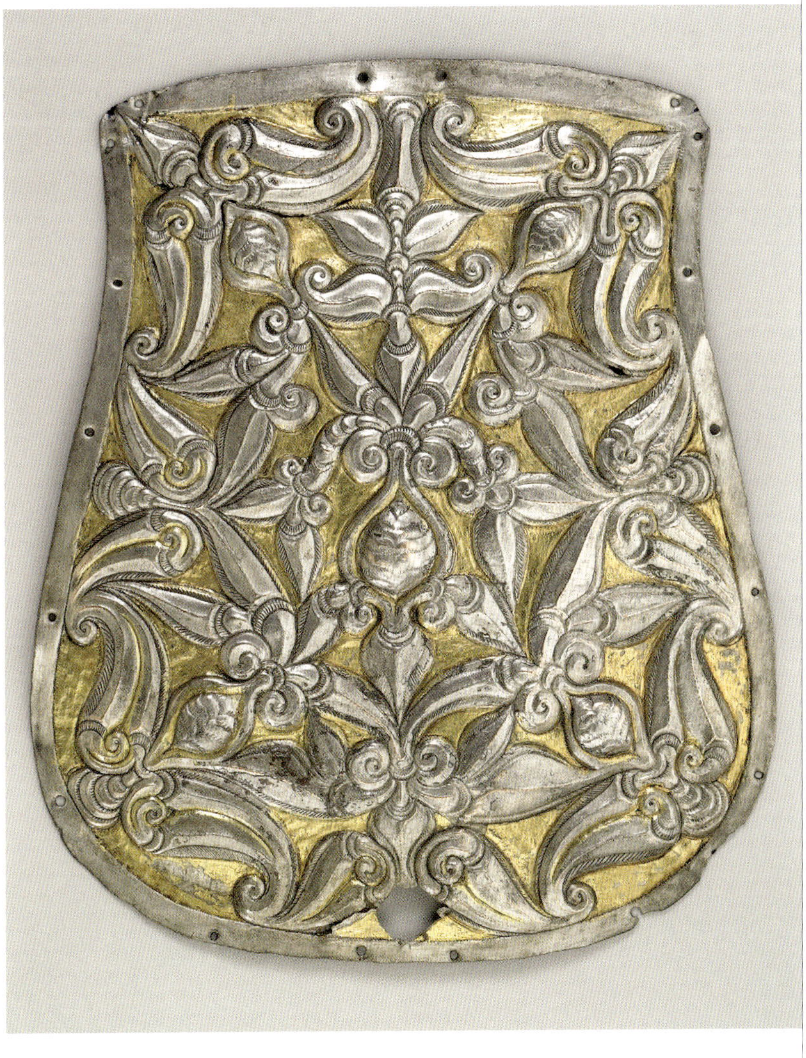

ABB. 6 Die silberne Taschendeckplatte mit reliefiertem, gefiedertem Pflanzendekor auf vergoldetem Hintergrund stammt aus einem reichen, ungarischen Kriegergrab in Szolnok-Strázsahalom (Kom. Szolnok), erstes Drittel des 10. Jahrhunderts. Ungarisches Nationalmuseum Budapest. – H. 14,3 cm.

ABB. 7 Silbervergoldete Köcherbeschläge des Bereitschaftsbogens aus dem reichen, ungarischen Kriegergrab 11 des Gräberfeldes III von Karos (Kom. Borsod-Abaúj-Zemplén), spätes 9./frühes 10. Jahrhundert. Herman O. Múzeum Miskolc.

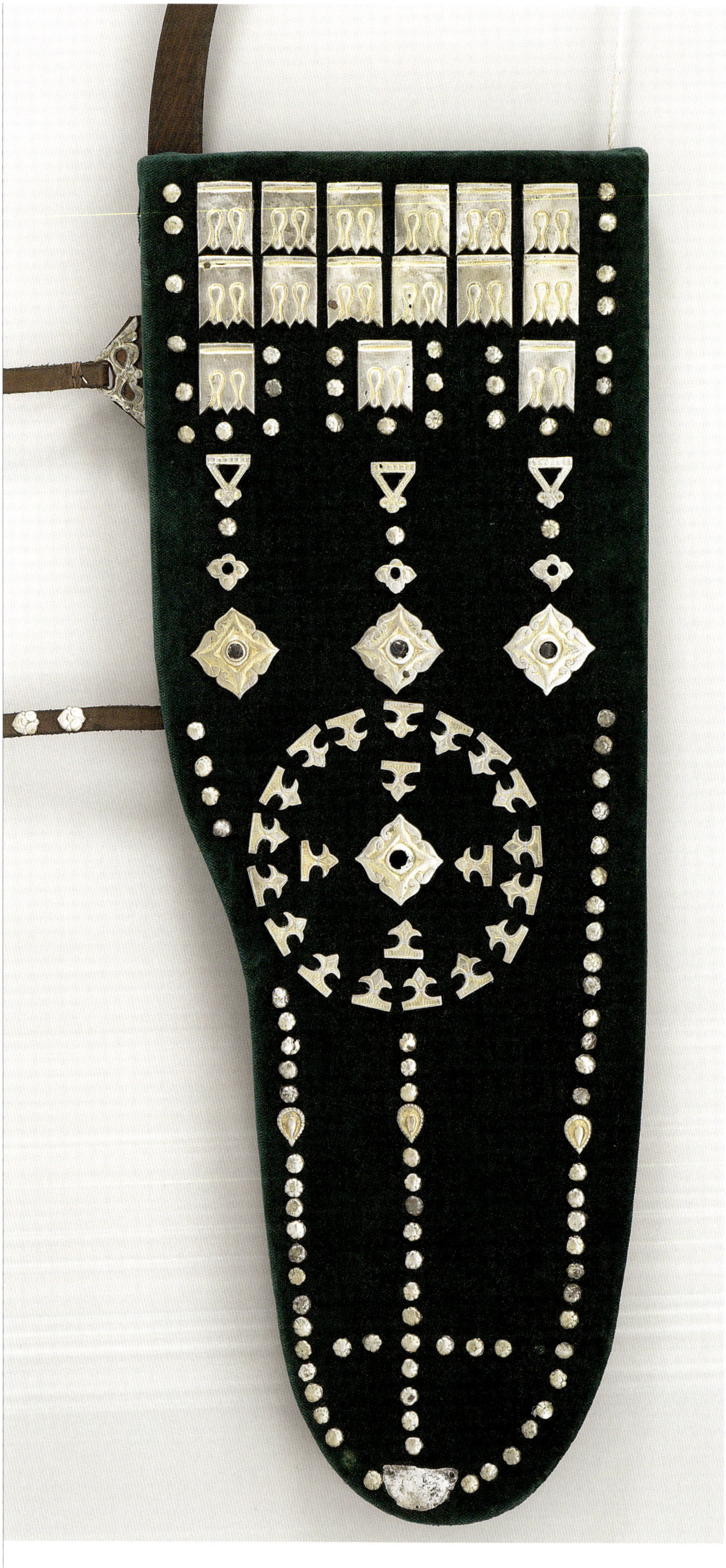

Wandel der politischen Strukturen nach dem Ende der Raubzüge

Die militärischen Niederlagen, die den Raubzügen durch Europa ein Ende bereiteten (955 und 970), erschütterten die Macht der Stammes- und Sippenaristokratie. Sie zeigten unmissverständlich, dass die Anpassung an das europäische Umfeld für das Bestehen und die Fortentwicklung der Ungarn unerlässlich war. Es folgten Veränderungen auch innerhalb der Großfürstenfamilie; denn der bis dahin Macht ausübende Zweig wurde in den Hintergrund gedrängt. Die neuen Großfürsten Taksony (955–972) und Géza (972–997) bauten in der Umgebung von Gran (Esztergom) und Stuhlweißenburg (Székesfehérvár) neue Machtzentren aus. Sie rekrutierten Personal aus den Reihen der angeschlossenen Stammes- und Sippenaristokratie und den mittelständischen Freien. Ihre neuen militärischen Gefolge statteten sie mit Waffen westeuropäischen und skandinavischen Typs, nämlich zweischneidige Schwerter (Abb. 8), Streitäxte und schwere Lanzen (Abb. 9) aus.

Diese Streitkraft half ihnen beim Niederschlagen der Widerstand leistenden Stammes- und Sippenfürsten. Bis zur Mitte des 10. Jahrhunderts lag die ungarische Westgrenze am Fluss Enns. Jetzt festigte sie sich in den 970er-Jahren entlang der Leitha und am östlichen Fuß der Alpen. Die Voraussetzungen für den Wandel in eine Feudalgesellschaft und für die Christianisierung waren zu dieser Zeit in der ungarischen Wirtschaft und Gesellschaft bereits herangereift. Im Sommer des Jahres 972 kam der Sankt Gallener Mönch Bruno nach Ungarn, um hier zu missionieren. Ihm folgten im Jahre 995 der Prager Bischof Adalbert der Heilige und seine Schüler. Im südlichen Landesteil hatte bereits in den 950er-Jahren ein byzantinischer Missionsbischof gewirkt.

Die Friedenspolitik des Großfürsten Géza

Das auffälligste Zeichen der Friedenspolitik des Großfürsten Géza war, dass er im Jahre 973 seine adligen Gefolgsleute nach Quedlinburg zu einem von Kaiser Otto I. zusammengerufenen Hoftag entsandte. Als Lohn für die Anstrengungen erhielt sein Sohn Vajk (der spätere Stephan der Heilige und erster ungarischer König) die Hand der ottonisch-bayerischen Prinzessin Gisela. In Giselas Gefolge kamen bayerische Krieger sowie Kleriker nach Ungarn. Nach dem Tod von Stephans Vater konnte Stephan mit ihrer Hilfe seine Machtansprüche auch gegen seine Verwandten Koppány (997) und Gyula (1003) durchsetzen. Als Anerkennung der Bestrebungen der ungarischen Großfürsten sandte Papst Silvester II. durch seinen Legaten Abt Astrik die königlichen Insignien (Lanze und Krone) an Stephan, der am 1. Januar 1001 zum ersten ungarischen König gekrönt wurde (Abb. 10). Stephan der Heilige (Großfürst von 997–1000, König von 1001–1038) begann unverzüglich mit der Organisation des christlichen ungarischen Staates. Im Jahre 1001 sanktionierte der Papst auf dem Konzil von Ravenna sowohl die Errichtung des Erzbistums in Gran als auch die von ungarischen Bistümern, um dadurch die Selbstständigkeit der Kirchenorganisation zu sichern.

ABB. 8 Das typische Wikingerschwert des 10. Jahrhunderts, dessen Griff mit Einlagen aus vergoldetem Kupfer und Silber verziert ist, lag in dem ungarischen Kriegergrab 21 von Szob-Kiserdő (Kom. Pest). Ungarisches Nationalmuseum Budapest. – L. noch 47,5 cm.

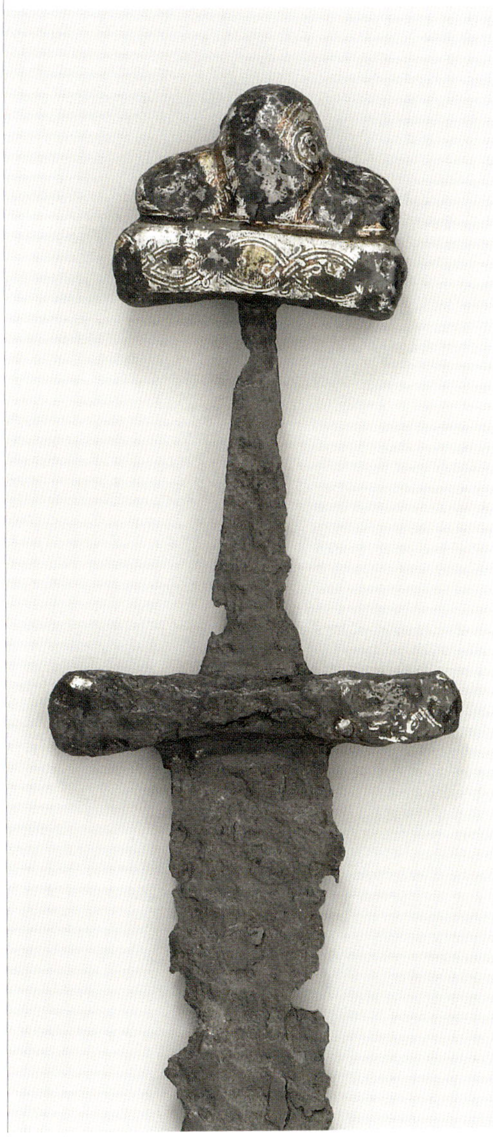

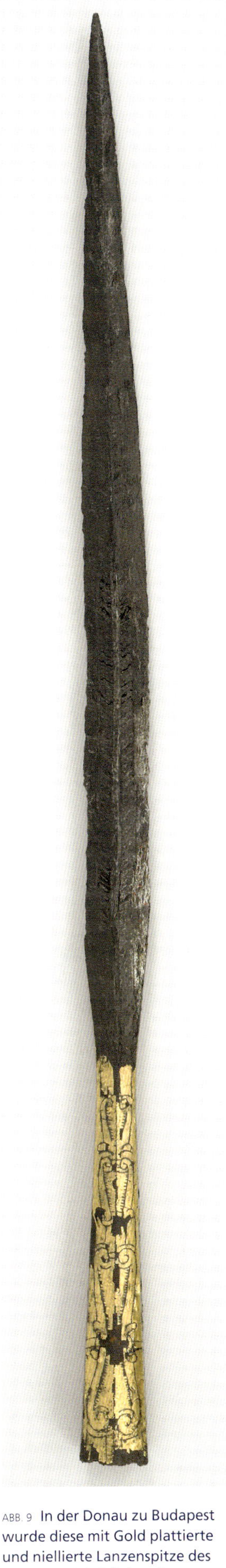

ABB. 9 In der Donau zu Budapest wurde diese mit Gold plattierte und niellierte Lanzenspitze des späten 10./11. Jahrhunderts gefunden. Ungarisches Nationalmuseum Budapest. – L. 59 cm.

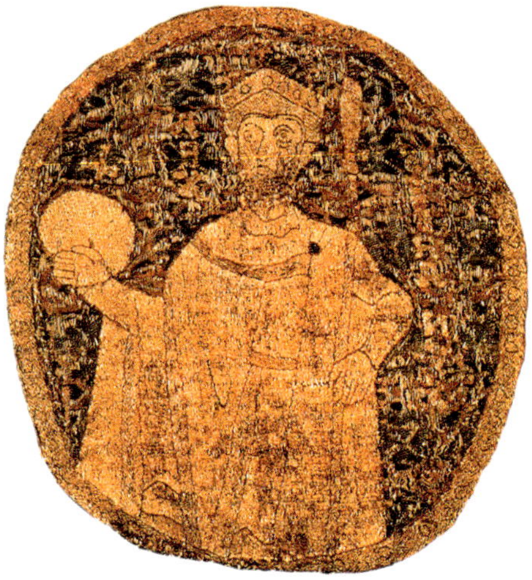

ABB. 10 Medaillon mit dem Bild des ungarischen Königs Stephan I. auf einem bestickten Messgewand von 1031, das später in den ungarischen Krönungsmantel umgearbeitet worden ist.

Die Regierungszeit des ersten ungarischen Königs Stephan I. (1001–1038)

Stephan I. (Abb. 11) gründete die ersten Benediktinerklöster (Pannonhalma, Pécsvárad und Zalavár) sowie das griechische Nonnenkloster in Veszprémvölgy. Er eröffnete auch die von Westen nach Jerusalem führende Pilgerstraße und ließ an dieser eine Basilika in Stuhlweißenburg errichten. Sie wurde zur Krönungskirche der ungarischen Könige und in den darauf folgenden Jahrhunderten zur letzten Ruhestätte für viele von ihnen. Die Burggrafschaften (Komitate) dienten als Grundlage der Verwaltung. In ihrem Zentrum verfügte der Gespan (ispán) über die weltliche, der Dechant über die kirchliche Gewalt. Dort wurden auch alle Abgaben eingezogen, die man für die Unterhaltung der Machtorgane benötigte.

Während Stephans Regierung wurden die ersten ungarischen Urkunden ausgestellt, die nach deutschem (bayerischem) Vorbild angefertigt waren . Davon sind die meisten von einem nach Ungarn gereisten Mitglied der kaiserlichen Kanzlei Ottos III. erstellt worden. Die gesetzliche Ordnung kodifizierte Stephan in Gesetzbüchern. Seinen Sohn, den später gleichermaßen heilig gesprochenen Herzog Emmerich, bereitete er durch seine schriftlich verfassten Mahnungen (*Libellus de institutione morum*) auf die Herrschaft vor. Der Landesausbau und die innere Organisation wurden auch durch die umsichtige Außenpolitik Stephans erleichtert bzw. unterstützt: Auf dem deutschen Thron saß sein Schwager Heinrich II. (1002–1024), mit dem er hervorragende Beziehungen pflegte; seine jüngere Schwester gab er dem Dogen von Venedig, Otto Orseolo, zur Frau, und er pflegte auch familiäre Verbindungen zum polnischen Herrscherhaus. Stephan schloss ein Bündnis mit dem byzantinischen Kaiser Basileios II. (976–1025); gemeinsam brachen sie die Macht des bulgarischen Zaren. Ihr gutes Verhältnis besiegelten die beiden Herrscher durch die Heirat von Stephans Sohn und Erben Herzog Emmerich mit einer byzantinischen Prinzessin. Dieses Netzwerk ermöglichte es Stephan, mit seinen letzten internen Feinden – zu ihnen gehörte auch der Magnat von Südungarn, Ajtony – abzurechnen (1008 oder 1028). Auch die sein Land bedrohenden nomadischen Petschenegen konnte er erfolgreich zurückschlagen. Stephans Staat hatte sich gegen Ende seiner Regierungszeit so gefestigt, dass er im Jahre 1030 den Angriff des deutschen Kaisers Konrad II. abwehren konnte. Konrad, der nach dem Tod Heinrichs II. zum deutschen König gewählt wurde, war – im Gegensatz zu seinem Vorgänger – den Ungarn feindlich gesinnt.

Ende und Ausblick

Die letzten Jahre Stephans des Heiligen wurden durch einen tragischen Jagdunfall im Jahre 1031 überschattet, dem sein einziger Sohn und Erbe Herzog Emmerich zum Opfer fiel. Stephans Werk und seine Staatsorganisation erwiesen sich dennoch als dauerhaft: Ungarn gehörte nun unwiderruflich zu den christlichen Königreichen und stellte über Jahrhunderte hinweg die stärkste Macht im östlichen Mitteleuropa dar. Kunst und Glaubenswelt östlich-nomadischer Herkunft verschwanden mit der Zeit, und das ungarische Volk fand in dem von den Karpaten umgebenen neuen Siedlungsgebiet für immer seine Heimat.

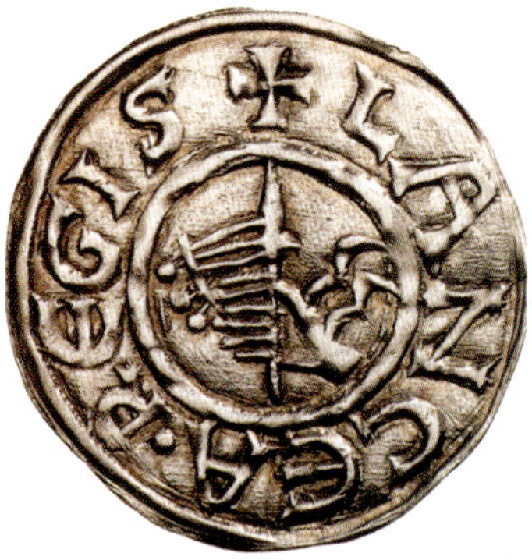

ABB. 11 Denar des ersten ungarischen Königs Stephan I. mit Darstellung der Königslanze (LANCEA REGIS).

Kurze Darstellung der siedlungsarchäologischen Ergebnisse

Miklós Takács

Die wichtigste Frage zur geschichtlichen Interpretation des Grabes von Gnadendorf lautet: Warum konnte ein altungarisches Grab aus dem 10. Jahrhundert in einem Ort des niederösterreichischen Weinviertels gefunden werden? Eine siedlungsgeschichtliche Auswertung des archäologischen Fundmaterials der landnehmenden Ungarn kann natürlich auf diese Frage keine endgültige Antwort geben. Manche Erscheinungen der Fundortkartierung besitzen dennoch eine gewisse Aussagekraft. Folgerungen dieser Art sind natürlich nur nach einer typochronologischen Auswertung des Gnadendorfer Fundgutes formulierbar. Ferner soll die Auswertung zusammen mit den spärlichen Daten der schriftlichen Überlieferung, den Fakten der historischen Geographie sowie mit einer linguistischen Analyse der verschiedenen Ortsnamen durchgeführt werden.

Zur ethnischen und sozialgeschichtlichen Interpretation ungarischer Grabfunde

Die Auswertung der topographischen Lage der Gräberfelder der landnahmezeitlichen Ungarn hat zu vielen Debatten geführt. Die Problematik der ethnischen Interpretation stellt den wichtigsten und meistbestrittenen Teil der verschiedenen Meinungsäußerungen dar. Die überwiegende Mehrheit der heutzutage tätigen ungarischen Archäologen betrachtet die Analyse ethnischer Fragen mit einem gewissen Vorbehalt – Konsequenz des Umstandes, dass die genaue ethnische Identität eines Verstorbenen mit den Mitteln der Archäologie sehr schwer oder aber nur »grob« zu fassen ist. Man kann dagegen die sog. Sippenaristokratie der Altungarn, das heißt: die verschiedenen »Vornehmen« und ihr bewaffnetes Gefolge ziemlich leicht identifizieren. Sie haben ihre Identität nämlich nicht nur durch ihre Bekleidung und Ausrüstung ausdrücklich gezeigt (Abb. 1–3), sondern es gab auch Grabsitten, die ihre gentile Religion widerspiegelten (diese »gentile« Identität überlagerte im Frühmittelalter oft die wahre ethnische Abstammung der einzelnen

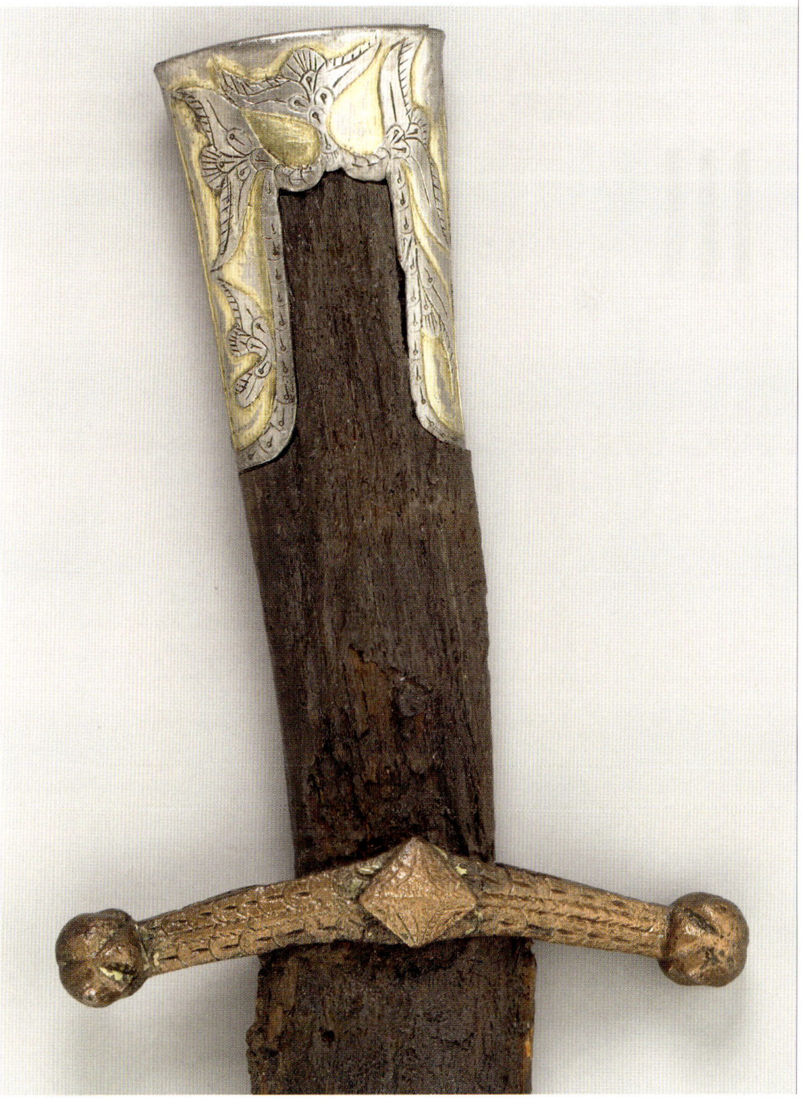

ABB. 1 Säbelgriff aus dem münzdatierten Kriegergrab von Tiszasüly-Éhhalom (Kom. Szolnok), erstes Drittel des 10. Jahrhunderts. Damjanich Múzeum Szolnok.

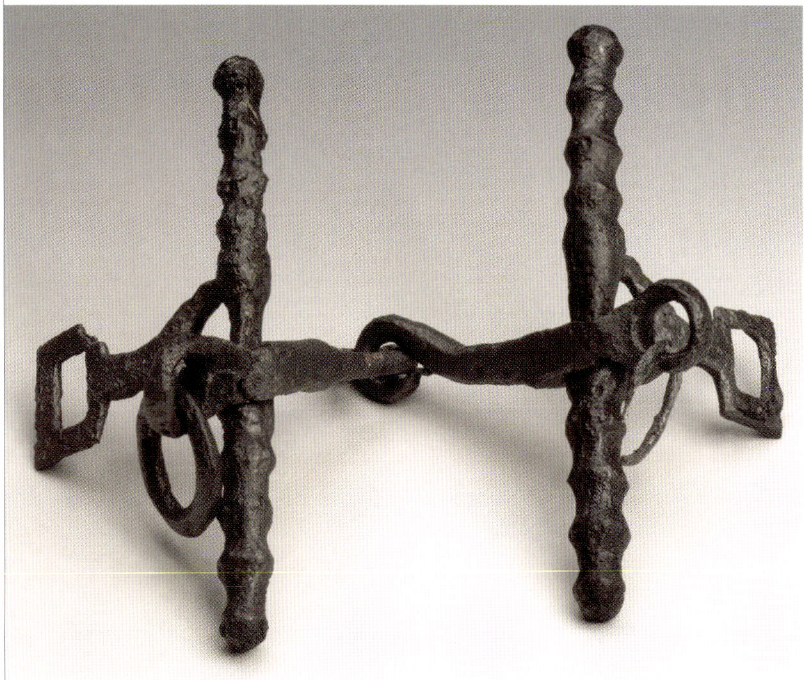

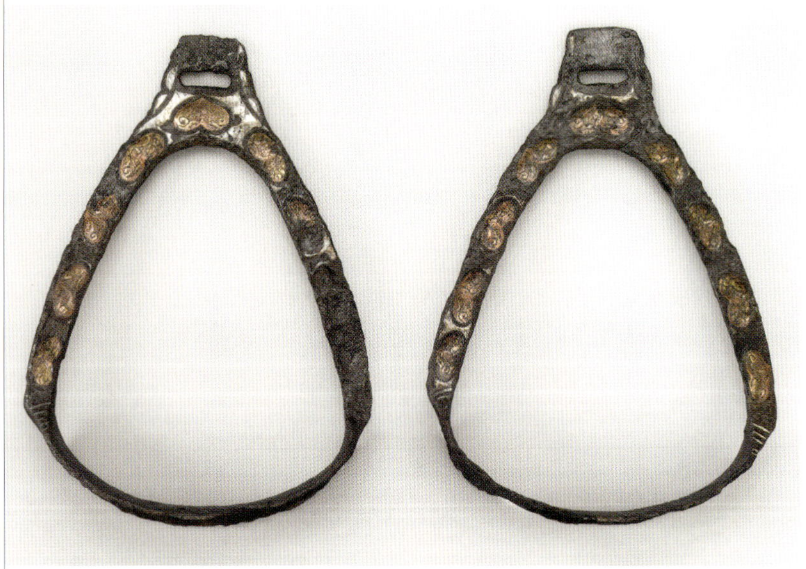

ABB. 2 Eiserne Knebeltrense mit gerippten Seitenstangen aus einem ungarischen Kriegergrab von Neszmély (Kom. Komárom-Esztergom), Ende 9. bis frühes 10. Jahrhundert, Ungarisches Nationalmuseum Budapest. – L. 25 cm.

ABB. 3 Das Paar birnenförmiger Eisensteigbügel mit Silbereinlagen und herzförmigen Palmetten aus vergoldetem Kupfer stammt von einem unbekannten Fundort, erstes Drittel 10. Jahrhundert. Ungarisches Nationalmuseum Budapest. – H. 16,3 cm.

Mitglieder der Sippenaristokratie). Man kann also durch eine Fundortkartierung in erster Linie die Ausdehnung des Machtbereichs der landnehmenden Ungarn registrieren. Die Lösung der anderen Fragen ergibt sich aus der Konzentration der Fundorte in den verschiedenen Regionen des gekennzeichneten Bereiches. Die unterschiedliche Fundortdichte gibt Anlass für eine Analyse der verschiedenen Möglichkeiten der Besiedlung. Ferner spiegeln die Fundortkartierungen auch Begriffe wie Siedlungs- oder Machtbereich archäologisch wider.

Zur Lage der ungarischen Siedlungsgebiete

Trotz aller Hindernisse ergibt eine Fundortkartierung der Gräberfelder der landnahmezeitlichen Ungarn die Schlussfolgerung, dass sich die Ungarn des 10. Jahrhunderts in ihrer neuen Heimat in Tiefebenen oder Tälern der Mittelgebirge niedergelassen hatten. So findet man landnahmezeitliche Gräber nicht nur in fast allen Regionen des heutigen Ungarn, sondern auch in anderen Tiefebenen und Niederungen des Karpatenbeckens: im südlichen Teil der heutigen Slowakei, im tiefebenenartigen Südstreifen der Karpatho-Ukraine, in den Tälern von Siebenbürgen sowie in der Woiwodina. Die Ansiedlung in den Tiefebenen und Tälern hatte ihre Ursache wahrscheinlich in der halbnomadischen Lebensweise der landnehmenden Ungarn. Der wichtigste Faktor in der Auswahl der Besiedlungsplätze war aller Wahrscheinlichkeit nach die Nähe von Gewässern. Darauf deutet die Tatsache hin, dass die überwiegende Mehrheit der landnahmezeitlichen Gräberfelder in der Umgebung von Flüssen oder Bächen zu finden ist. Wenn man also die naturgeographische Lage des Fundortes Gnadendorf betrachtet, stellt sie keine Besonderheit dar. Auch im Karpatenbecken liegen fast alle Fundorte der landnahmezeitlichen Gräberfelder in der Umgebung verschiedener Gewässer.

Ungarische Siedlungsspuren am Nordwestrand der Kleinen Tiefebene

Der zu Gnadendorf nächstgelegene Ort mit Funden altungarischer Art ist das benachbarte Ernstbrunn. Allerdings handelt es sich dabei um nur schwer zu interpretierende Lesefunde. Der erste sichere Beweis für eine altungarische Bestattung befindet sich etwa 60 km östlich von Gnadendorf, in Skalitz/Szakolca/Skalica, am linken Ufer der March, also schon in der heutigen Slowakei. Da dieser Fundort am nordwestlichen Rand der Kleinen Tiefebene (slowakisch: Podunajská nížina, ungarisch: Kisalföld) liegt, werden wir uns im Folgenden mit dem archäologischen Fundmaterial dieser Region befassen. Die landnehmenden Ungarn hatten das Marchtal aller Wahrscheinlichkeit nach nicht dicht besiedelt. Der einzige vergleichbare Fundort neben Skalitz/Szakolca/Skalica ist im Bereich der March-Mündung Preßburg/Pozsony/Bratislava. Die Nordwestgrenze der dichteren altungarischen Besiedlung erstreckt sich etwas östlicher, im Tal von Waag/Váh/Vág am Ostrand der Kleinen Karpaten. Entlang dieser Flüsse wurden schon Spuren von mehr als dreißig altungarischen Gräberfeldern nachgewiesen.

Ungarische Siedlungsspuren im Südteil der Kleinen Tiefebene

Auch im südlichen Teil der Kleinen Tiefebene ergibt die Fundortkartierung der Grabfunde ein seltsames Bild. Im Gebiet südlich der Donau gilt das Gräberfeld von Bruck an der Leitha als der westlichste Fundort, der die Ausdehnung des Siedlungsgebietes des Ungarischen Fürstentums zeigt. Andere Gräberfelder der Altungarn befinden sich etwas östlicher, hinter dem Sumpfgebiet von Wasen/Hanság. In der südlichen Hälfte der Kleinen Tiefebene liegen die Fundorte nicht nur an den grösseren Flüssen, sondern auch an kleineren Bächen. Zu den Funden aus dieser Region gehört der Tonkessel mit Wackelboden von Koroncó-Bábota (Abb. 4), der zum Aufhängen bestimmt, also zum Kochen geeignet war. Dieser Gefäßtyp tauchte erst nach der ungarischen Landnahme im Fundmaterial des Karpatenbeckens auf.

Für die topographische Analyse des Gnadendorfer Grabes scheint es besonders wichtig zu sein, dass auch südlich der Donau ein altungarisches Grab in isolierter Lage gefunden wurde. Das unlängst publizierte Grab aus Lanzenkirchen (Niederösterreich) besitzt wegen seiner bescheidenen Beigaben keine grosse Aussagekraft. Es erlaubt jedoch – ähnlich wie das Grab von Gnadendorf – die Rekonstruktion der Verhältnisse in einem Gebiet, das als »Grenzödland« charakterisiert werden kann.

Die Besiedlung des österreichischen Donaugebiets nach dem Zeugnis der Schriftquellen

Das österreichische Donaugebiet war im 10. Jahrhundert in einer besondere Lage. Der Prozess der ungarischen Landnahme wurde im Sommer des Jahres 907 durch die Schlacht von Pressburg/Pozsony/Bratislava beendet. Hier gelang dem ungarischen Heer ein entscheidender Sieg über das Heer des Ostfränkischen Reiches. Dessen Grenze wurde bis zur Ennsmündung zurückgedrängt, und das Gebiet des späteren Niederösterreich wurde zum Grenzödland bzw. Niemandsland. Die Altungarn haben das obere Donautal in der ersten Hälfte des 10. Jahrhunderts als Aufmarschgebiet für ihre Streifzüge benutzt – im Gegensatz zur Spätawarenzeit, als das obere Donautal im Rahmen einer defensiven Grenzverteidigung als Sperrzone diente. Wahrscheinlich gibt es wegen dieses Unterschieds keinen Hinweis darauf, dass die Altungarn östlich der Enns solche Sperranlagen bauten, wie sie in den Beschreibungen des Feldzuges Karls des Großen als ein wichtiger Bestandteil der awarischen Grenzverteidigung erwähnt werden.

Die schwere ungarische Niederlage in der Schlacht auf dem Lechfeld im Jahr 955 (Abb. 5)

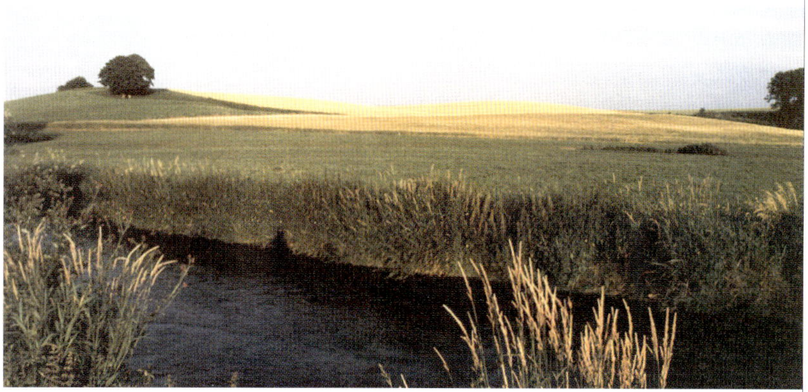

ABB. 5 Blick auf das Lechfeld im Süden von Augsburg.

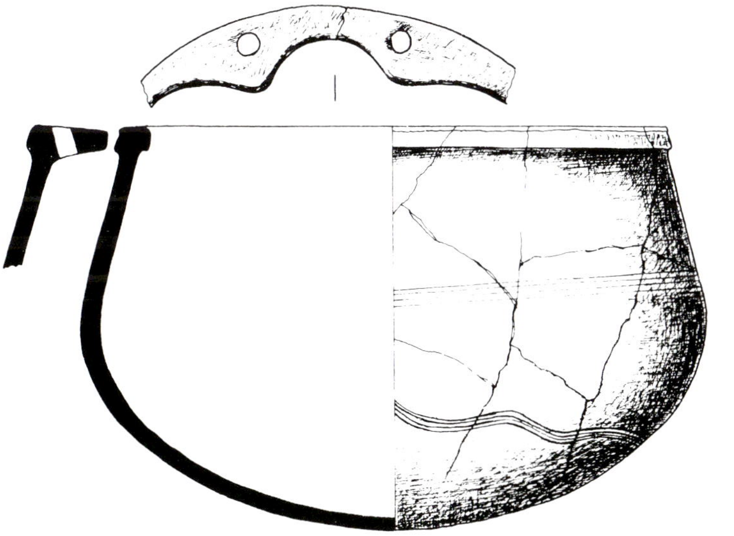

ABB. 4 Seitenansicht und Profil des Tonkessels von Koroncó-Bábota (Kom. Győr-Sopron) aus dem 10./11. Jahrhundert. Xantus J. Múzeum Győr. – Dm. 28,8 cm.

brachte deutliche Veränderungen an der Westgrenze des Ungarischen Fürstentums, sowohl im territorialen als auch im organisatorischen Sinne. Die schriftliche Überlieferung des werdenden ottonischen Reiches enthält klare Verweise darauf, dass sich die Dynamik der Ostverschiebung der Ungarngrenze in der zweiten Hälfte des 10. Jahrhunderts an die innenpolitischen Ereignisse des Reiches knüpfte. Der ungarische Großfürst Geysa/Géza (972–997) duldete die Ostverschiebung der Grenze; er verhielt sich nur einmal offensiv – im Jahre 983, als Kaiser Otto II. starb. Der ungarische Großfürst versuchte, seine Hilfeleistung für Heinrich den Zänker auszunutzen, in dem er die Burg von Melk besetzte und deren Umgebung verwüstete – vielleicht, um das frühere Grenzödland wiederherzustellen. Seine Aktion hatte aber nur kurzfristigen Erfolg. In der ungarischen Historiographie ist die Ansicht weit verbreitet, besonders in der populärwissenschaftlichen Literatur, dass sich die Westgrenze Ungarns am Anfang der Regierungszeit von Stephan I. dem Heiligen (also um 1000) entlang der Flüsse Leitha und March stabilisierte. Die Bayern hätten die Gebiete zwischen Enns und Leitha in den Jahren um 995 anlässlich der Hochzeit der Herzogstochter Gisela und des Thronfolgers Vajk/Stephan von den Ungarn als Geschenk bekommen. Die spärliche schriftliche Überlieferung spricht aber eher dafür, dass während der gesamten Regierungszeit des ersten ungarischen Königs Stephan des Heiligen (997–1038) die »Pufferzone« eines Grenzödlandes zwischen den Flüssen Fischa und Leitha bestanden hat, und dass sich die Ungarngrenze an Leitha und March erst ab der Mitte des 11. Jahrhunderts stabilisierte.

Die Besiedlungsgeschichte des österreichischen Donaugebiets im Spiegel der archäologischen Funde

Das Besondere in der Siedlungsgeschichte des späteren Niederösterreich im 10. Jahrhundert liegt darin, dass dieses Gebiet trotz seiner Grenzlage nicht unbewohnt war. Ganz im Gegenteil: Es gibt zahlreiche Fundkomplexe, die nicht nur auf ein bescheidenes Leben der übriggebliebenen Bevölkerung, sondern auch auf Warenproduktion und sogar auf Handel hinweisen. Im südlichen Teil des niederösterreichischen Donaugebietes war die zweite Hälfte des 10. Jahrhunderts eine Epoche, in der zum zweiten Mal eine dynamische Kolonisation aus Bayern stattfand. Die archäologischen Funde und Befunde zeigen auch Spuren einer ununterbrochenen Produktion von Graphittonkeramik. Diese sind nicht nur Beweise für eine kontinuierliche Besiedlung im 10. Jahrhundert – das heißt auch zu den Zeiten, als die Siedlungen der Töpfer sich innerhalb der Ungarngrenze befunden haben – sondern zeigen auch, dass sich die Kolonisation im Donautal von Westen nach Osten vollzog.

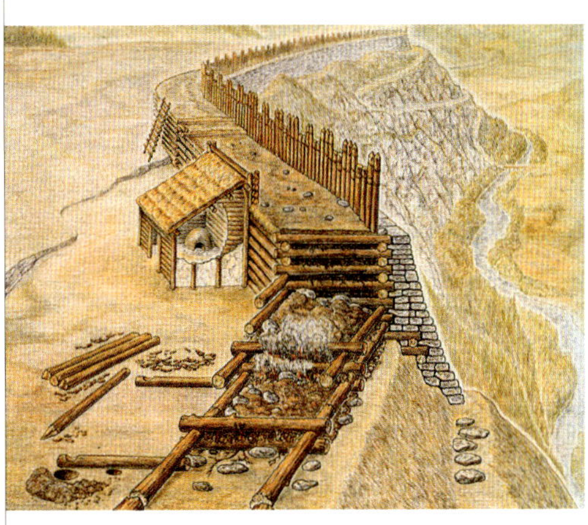

ABB. 6 Gars-Thunau, Niederösterreich. Rekonstruktion der jüngeren, slawischen Befestigung mit Blendmauer und kasemattenartigen Anbauten.

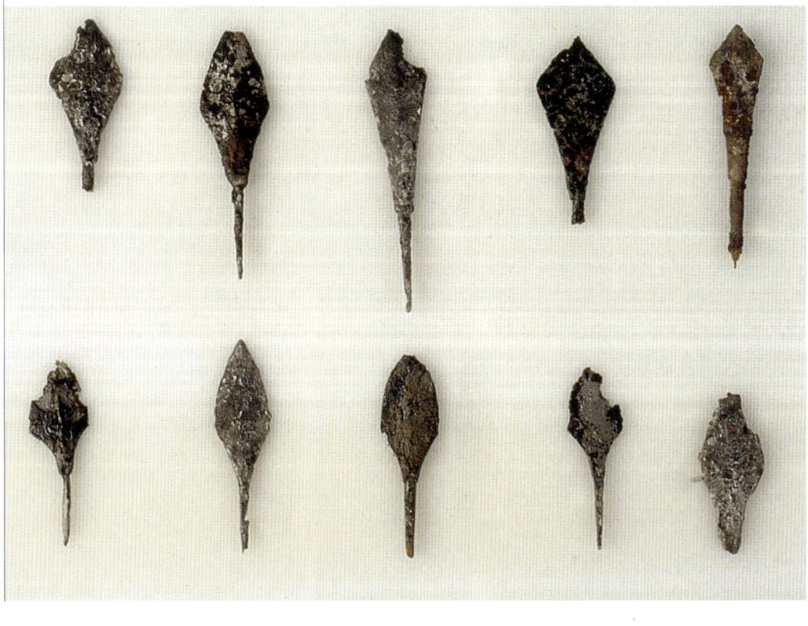

ABB. 7 Ungarische Schaftdorn-Pfeilspitzen des 10. Jahrhunderts aus der slawischen Burg Sand in Oberpfaffendorf, Niederösterreich.

Zur Lage im nördlichen Teil Niederösterreichs

Die archäologischen Funde und Befunde in der nördlichen Hälfte Niederösterreichs deuten darauf hin, dass diese Prozesse hier viel später in Gang kamen. Für den westlichen Teil der Region sind große Burganlagen charakteristisch. Diese hatten aller Wahrscheinlichkeit nach eine doppelte Funktion: als zentrale Orte und als Fluchtburgen. Die berühmteste Burgengrabung hat Herwig Friesinger in Gars am Kamp-Thunau geleitet (Abb. 6). Eine neue Ausgrabung wurde in Oberpfaffendorf-Sand unter der Leitung von Sabine Felgenhauer ab 1993 durchgeführt. Es gibt unter den archäologischen Funden aus dieser Burg auch Artefakte ungarischen Charakters. Die meisten dieser Funde sind Waffen, in erster Linie Pfeilspitzen (Abb. 7). oder aber Reiterausrüstung, wie z.B. Zaumzeuge. Ein beträchtlicher Teil dieser Funde bezeugt die Belagerung der Burgen. Es gibt aber auch einige Fundstücke, die friedliche Kontakte vor der Belagerung und Zerstörung zeigen. Ein kleines, sehr seltsames Fundstück ist die lokale Nachahmung eines »ungarischen« Tonkessels aus Graphitton (Abb. 8).

Die archäologischen Fundorte des 10. Jahrhunderts aus dem österreichischen Weinviertel sind in der Regel Gräberfelder, deren Belegung bereits im 9. Jahrhundert beginnt, die jedoch im 10. Jahrhundert weiter benutzt wurden. Die Forscher, die sich in den letzten Jahrzehnten mit der Problematik der Gräberfelder des Weinviertels befassten, identifizierten die Bestatteten als Slawen und konnten anhand des Bestattungsritus die allmähliche Ausbreitung des Christentums feststellen. Die Altungarn haben also mit der Eroberung dieses Gebietes am Anfang des 10. Jahrhundert ihren Machtbereich ausgedehnt, ohne die früheren Bewohner zu vertreiben. Das ist ein Umstand, den man sich auch in der Auswertung des altungarischen Grabes von Gnadendorf vor Augen halten sollte. Am äußersten Rande des ungarischen Machtbereichs war die Beibehaltung der »heidnischen« und für die landnehmenden Ungarn charakteristischen Sitte der Pferdebestattung (Abb. 9) ein klares Zeichen der Identität – besonders wenn man in der Umgebung des Fundortes mit der Existenz einer lokalen, schon in gewissem Maße christianisierten Bevölkerung rechnet.

Deutung des ungarischen Knabengrabes in Gnadendorf

Kehren wir am Ende unseres kleinen Überblickes zur Frage der Interpretation zurück. Die isolierte Lage des Fundortes von Gnadendorf spiegelt vielleicht Gefechte des Landnahmeprozesses wider, oder sie stellt ein Zeugnis der Organisiation und Aufrechterhaltung eines Grenzödlandes dar – unter der Voraussetzung, dass man eine ziemlich frühe Datierung des Grabes akzeptiert. Eine andere Deutungsmöglichkeit stellt die Flucht vor einer Ausbildung der Zentralmacht durch Großfürst Geysa/Géza am Ende des 10. Jahrhunderts dar. Diese Interpretation stützt sich auf die späte, das heisst auf die ^{14}C-Datierung des Grabinhaltes.

Ebenso wie László Révész bin ich der Meinung, dass die frühere Chronologie und damit die erste der zwei Interpretationsmöglichkeiten der Wahrheit näherkommt. Eine Lösung der Interpretationsproblematik liegt vielleicht nicht in einer weiteren Auswertung des Grabes selbst. Dies wurde schon dank der wertvollen organisatorischen Arbeit von Falko Daim weitgehend betrieben. Vielversprechend ist die zukünftige weitergehende Erforschung des Fundortes mit der möglichen Auffindung weiterer altungarischer Gräber.

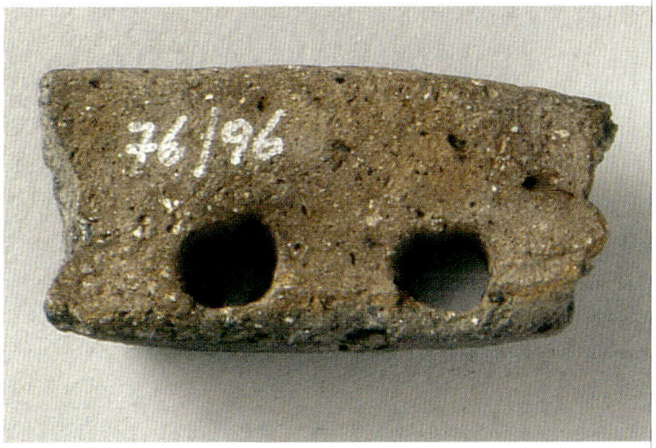

ABB. 8 Randscherbe eines nachgeahmten, ungarischen Kessels aus Graphitton, gefunden in der slawischen Burg Sand in Oberpfaffendorf, Niederösterreich.

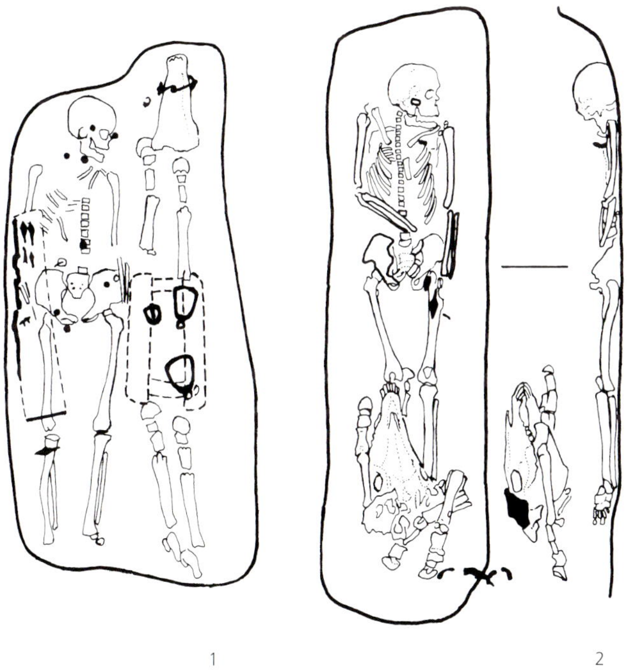

1 2

ABB. 9 Typisch ungarische Bestattungsformen der sog. Landnahmezeit.
– 1 Bestattung mit »ausgestopfter Pferdehaut«: im Maul des Pferdeschädels die Trense, auf dem Pferderücken eine Gurtschnalle und die zwei Steigbügel des Sattels.
– 2 Bestattung mit der auf den Füßen des Toten niedergelegten Pferdehaut mitsamt Schädel und Langknochen (Aufsicht und Profil).

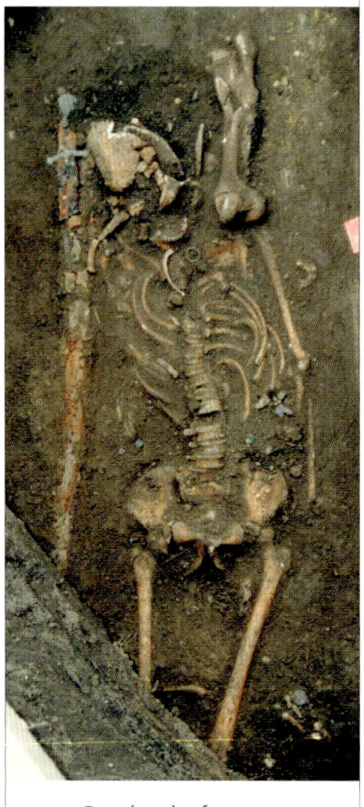

ABB. 1 Gnadendorf, Reitergrab, Befund in situ.

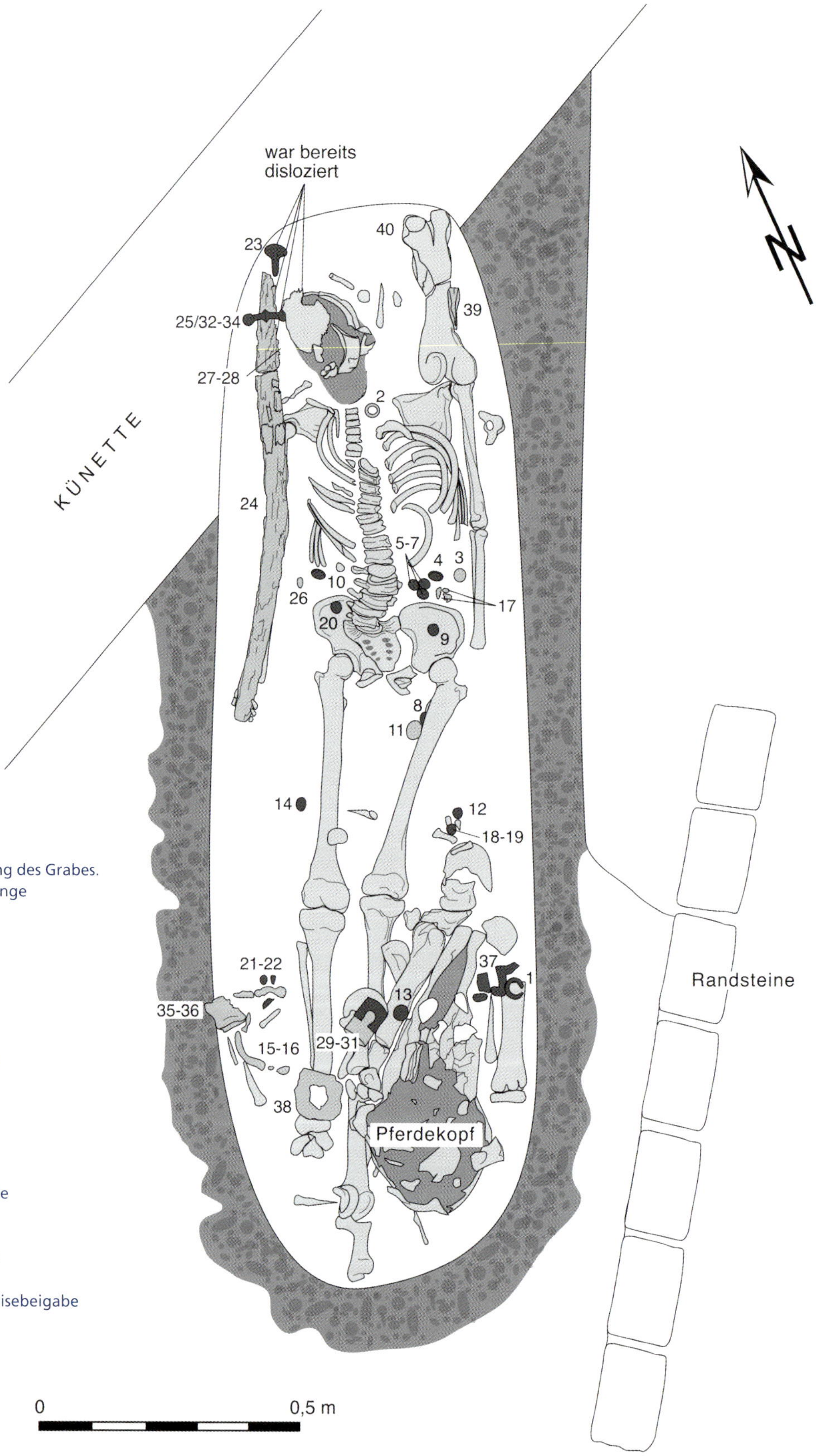

ABB. 2 Gnadendorf, Zeichnung des Grabes.

1, 2	Ohr- bzw. Schläfenringe
3	Eisenschnalle
4-10	Gürtelbeschläge
11	Eisenring
12–22	Silbermünzen
23	Säbelknauf
24	Säbel
25	Blechfragmente
26	Scheidenmundblech
27, 28	Tragösen
29, 30	Ortband
31	Silberblech
32	Nagel
33	Öse
34	Holzreste der Scheide
35	Trense
36, 37	Steigbügel
38	eiserne Gurtschnalle
39	Eisenmesser
40	Tierknochen der Speisebeigabe

Auf den Spuren eines toten Kriegers: Das altungarische Reitergrab von Gnadendorf

Falko Daim

Sensation vor dem Schulhaus

Die Totenruhe des Jünglings war zu Ende, als im Juli 2000 vor dem Schulhaus von Gnadendorf, im niederösterreichischen Weinviertel, ein Graben angelegt wurde. Der Bagger hatte schon den Schädel eines menschlichen Skelettes und einen Teil des Säbels herausgerissen, bevor die Arbeiter ihren Fund bemerkten und die Maschine abstellten. Nach kurzer Beratung wurde der Landesarchäologe Dr. Ernst Lauermann alarmiert. Ein Glück für die Frühgeschichtsforschung. Lauermann und seine Mitarbeiter konnten den Großteil der Bestattung zwar in Eile, jedoch fachgerecht bergen.

Die langgestreckte Grabgrube war West-Ost-orientiert (Abb. 1–2). Der Tote lag auf dem Rücken, mit dem Blick nach Osten. Er war bekleidet, wie mehrere winzige Textilreste und Kleidungszubehör zeigen, insbesondere Teile einer Gürtelgarnitur und durchlochte Münzen. Letztere lagen unter- und oberhalb des Skelettes und waren daher entweder am Gürtel, wohl eher aber am Saum eines Obergewandes aufgenäht. Eine einzige Münze war nicht durchlocht; vielleicht befand sie sich in einem Beutel. Der kleine Bronzering, der unterhalb des Schädels lag, wird wohl als Ohrring gedient haben. Zu den persönlichen Dingen zählte weiters der prächtige Säbel. Dessen Griff endete in einem Knauf, gegossen aus einer Kupfer-Silberlegierung und teilweise vergoldet. Die Scheide trug einen dazu passenden Endbeschlag, das so genannte Ortband. Der Griff oder die Scheide des Säbels war mit einer Fischhaut überzogen. Neben den bekleideten Krieger legte man einige weitere Dinge: Neben den Kopf des Bestatteten kam ein ordentliches Stück Pferdefleisch am Knochen, darin steckte ein Messer, das am Knochen anlag. Neben dem linken Unterschenkel fanden sich der Schädel und die Fußknochen eines etwas älteren Pferdes, fein säuberlich zusammengelegt. Meist nimmt man an, ein Ross des Toten wäre abgehäutet worden, wobei Schädel und Füße im Fell verblieben. In das Maul schob man die Trense, auf das Fellpaket wurde der Sattel gelegt, von dem die verzierte und verzinnte Gurtschnalle erhalten geblieben ist, daneben kamen die Steigbügel zu liegen. Diese Form der »partiellen Pferdemitbestattung« kennt man auch aus der Awarenzeit; sie taucht jetzt mit den Ungarn als spezieller Bestattungsbrauch wieder im Karpatenbecken auf.

Naturwissenschaftliche Untersuchungen im Interesse der historischen Forschung: Die Radiocarbondatierung mittels Beschleunigerspektrometrie

Die Auswertung der Münzen und allgemein historische Überlegungen ließen zunächst vermuten, dass unser Grab von Gnadendorf im zweiten Viertel des 10. Jahrhunderts angelegt worden ist. Andererseits wird seit Jahren in Ungarn und auch in Deutschland die Absolutchronologie der »Landnahmezeit« heftig diskutiert, sodass wir beschlossen, alle Möglichkeiten der modernen Archäologie auszuschöpfen, um eine breite Datenbasis für weitere historische Interpretationen zu gewinnen. Über Vermittlung von Univ.-Doz. Dr. Peter Stadler (Wien) wurden daher an zwei Proben, an einer von dem Skelett des Jungen und an einer vom Reitpferd, im Institut VERA (Wien) Radiocarbondatierungen durchgeführt. Die Messungen erfolgten mittels eines Massenbeschleunigerspektrometers (AMS = Accelerator Mass Spectrometry), wodurch winzige Probenmengen ausreichen, wesentlich kürzere Messzeiten genügen und ein deutlich genaueres Ergebnis als bei älteren Verfahren erzielt wird. Eine allfällige Verunreinigung der Probe mit jüngerem Material wird im Zuge der Probenaufbereitung durch Be-

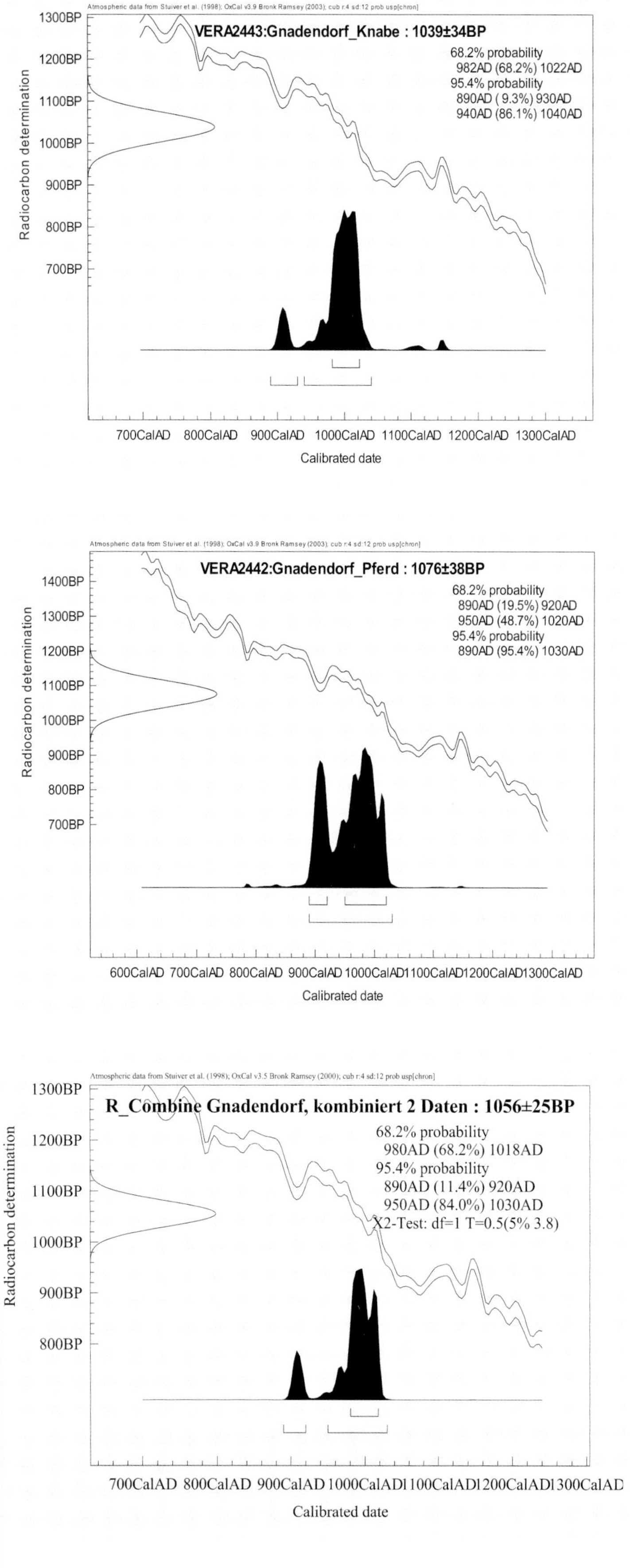

ABB. 3 Kalibration des ^{14}C-Ergebnisses von Gnadendorf

handlung mit Säuren und Basen entfernt und die Reinheit der Probe dann noch überprüft, indem der sogenannte ‰-^{13}C-Wert gemessen wird.

Die Rohdaten aus einer ^{14}C-Analyse werden mit Hilfe einer Kalibrationskurve in absolute Jahreszahlen umgesetzt (Abb. 3). Diese Kalibrationskurve ist in einigen Bereichen tatsächlich einer Schlangenlinie ähnlich, was in manchen Fällen zu zwei oder gar drei Ergebnissen, allerdings mit unterschiedlicher Wahrscheinlichkeit, führen kann. Die Messergebnisse werden als Kurve mit einer oder mehreren Spitzen ausgegeben. Je unschärfer das Ergebnis gefasst wird, desto höher ist die Wahrscheinlichkeit, dass das tatsächliche Alter der Probe in die angegebene Zeitspanne fällt. Daher pflegt man die Ergebnisse als 1-Sigma- und 2-Sigma-Werte anzugeben, mit unterschiedlichen Wahrscheinlichkeiten des tatsächlich erfassten Alters der Probe. Oft sind die 2-Sigma-Werte zwar hochwahrscheinlich, aber ungenau und daher praktisch unbrauchbar.

In unserem Fall ergeben sich für Gnadendorf folgende Datierungen:

Auf dem 1-Sigma-Niveau (höhere Genauigkeit):

Der Junge
982-1022 mit 68,2% Wahrscheinlichkeit.

Das Pferd
890-920 mit 19,5% Wahrscheinlichkeit,
950-1020 mit 48,7% Wahrscheinlichkeit.

Da beide Proben aus einem geschlossenen Fund stammen, können sie statistisch zusammen ausgewertet werden, was folgendes Ergebnis bringt:

Junge und Pferd
Auf dem 1 Sigma-Niveau (höhere Genauigkeit):
980-1018 mit 68,2% Wahrscheinlichkeit.
Auf dem 2 Sigma-Niveau (geringere Genauigkeit):
890-920 mit 11,4% Wahrscheinlichkeit;
950-1030 mit 84,0% Wahrscheinlichkeit.

Die Ergebnisse der Analysen bedeuten somit, dass das Grab von Gnadendorf mit hoher Wahrscheinlichkeit erst um 1000 angelegt worden ist, da eine – sowieso schon unwahrscheinliche – Frühdatierung in die Jahre um 900 wegen der unbestreitbar langen Laufzeit der Gegenstände nicht in Frage kommt. Natürlich führte das Resultat sofort zu heftigen Diskussionen unter den Spezialisten. Wie weit ist der Methode zu trauen? Und wie könnte man letzte Klarheit gewinnen? Natürlich bringt eine ^{14}C-Analyse »bloß« ein

Ergebnis von statistischer Wahrscheinlichkeit. Es ist also durchaus möglich, dass die Bestattung des Knaben im zweiten Viertel des 10. Jahrhunderts erfolgt ist, wie die aufgenähten Münzen und die schriftlichen Nachrichten über die ungarischen Kriegszüge und ihre Niederlage bei Augsburg im Jahr 955 annehmen ließen. Allerdings zwingt uns das Resultat, auch eine Deutung zu suchen für den Fall, dass der jugendliche Recke tatsächlich erst am Ende des 10. Jahrhunderts so überaus prunkvoll beerdigt worden ist.

Doch was hat uns die Anthropologie über den Krieger zu sagen?

Schwerkrank und doch wohltrainiert. Diagnose nach 1000 Jahren

Nach der anthropologischen Untersuchung war der Bestattete etwa 14–18 Jahre alt, gut trainiert und kräftig, wie man von den gut ausgebildeten Muskelansätzen schließen konnte. Sie zeigen auch, dass der junge Mann viel Zeit auf dem Pferd verbrachte, und wohl ein sehr geübter Reiter war. Offenbar hatte er aber im Kampf, vielleicht auch beim Training ernste Schäden davongetragen. Die Analyse von Dr. Doris Pany und Univ.-Prof. Dr. Maria Teschler-Nicola (Wien) konzentrierte sich auf zwei Verletzungen und eine Krankheit, die bislang in dieser Vollständigkeit an archäologischem Material noch nicht beobachtet werden konnte: das »Klippel-Feil-Syndrom« (S. 41f, Abb. 1–4). Bei dem Jungen äußerte sie sich in Form von angeborenen Verwachsungen der Wirbelkörper, einer Deformation der Schädelbasis sowie einer ebenfalls angeborenen Verengung der äußeren Gehörgänge – wahrscheinlich war er schwerhörig. Möglicherweise hat er jedoch seine Krankheit nicht als Behinderung empfunden. Sie war noch nicht so ausgeprägt, hätte sich jedoch bald unangenehm bemerkbar gemacht – wenn der Patient nicht schon vorher gestorben wäre. Zwei Verletzungen konnten die Anthropologinnen feststellen, die schließlich zum Tod geführt haben können: In der rechten Armbeuge war der Junge von einem scharfkantigen, eventuell hohlen Gegenstand getroffen worden. Die Verletzung konnte nicht mehr verheilen. Ein zweites »Trauma« hatte er schon früher am Kopf erlitten, etwa drei bis sechs Monate vor seinem Tod. Er hatte die Schädelverletzung also zunächst überstanden, doch könnte sie letztendlich im Zusammenhang mit anderen Faktoren dennoch zum Tod geführt haben. Dass der Knabe an der Ellbogenverletzung verblutet ist, kann nicht völlig ausgeschlossen werden, ist aber nicht sehr wahrscheinlich, da man den Oberarm ja hätte abbinden können. Die Verwundung sieht nicht wie ein normaler Unfall aus; sie könnte im Training erfolgt sein, da die »Waffe« ja offenbar nicht spitz war. Allerdings kommen im Frühmittelalter bisweilen auch Streithämmer vor. Hat unser Gnadendorfer Junge Bekanntschaft mit einem derartigen Streithammer gemacht?

Pferdefell, Pferdeknochen, Pferdefleisch

Links neben den Beinen des Kriegers von Gnadendorf lagen Schädel und Fußknochen eines Pferdes – Gegenstand der Archäozoologie. Dr. Erich Pucher (Wien) hat die Funde ausgewertet: Das teilweise mitgegebene Pferd war jedenfalls männlich, mit hoher Wahrscheinlichkeit ein Hengst, und etwa 7 Jahre alt (Abb. 4). Es hatte eine Schulterhöhe von rund 135 cm, was für heutige Verhältnisse sehr wenig ist, aber für die frühmittelalterlichen Pferde, auch die der Awaren und Ungarn, ganz typisch. Eigenartigerweise finden sich an den Knochen nicht die geringsten Schnittspuren, die beim Zerlegen entstehen hätten müssen. Entweder – so Erich Pucher – hat man eine extrem sorgfältige Zerteilung des Kadavers vorgenommen, oder er war schon teilweise verwest – was aber auch das Fell in Mitleidenschaft gezogen hätte.

ABB. 4 Pferdeschädel von Gnadendorf in drei Ansichten.

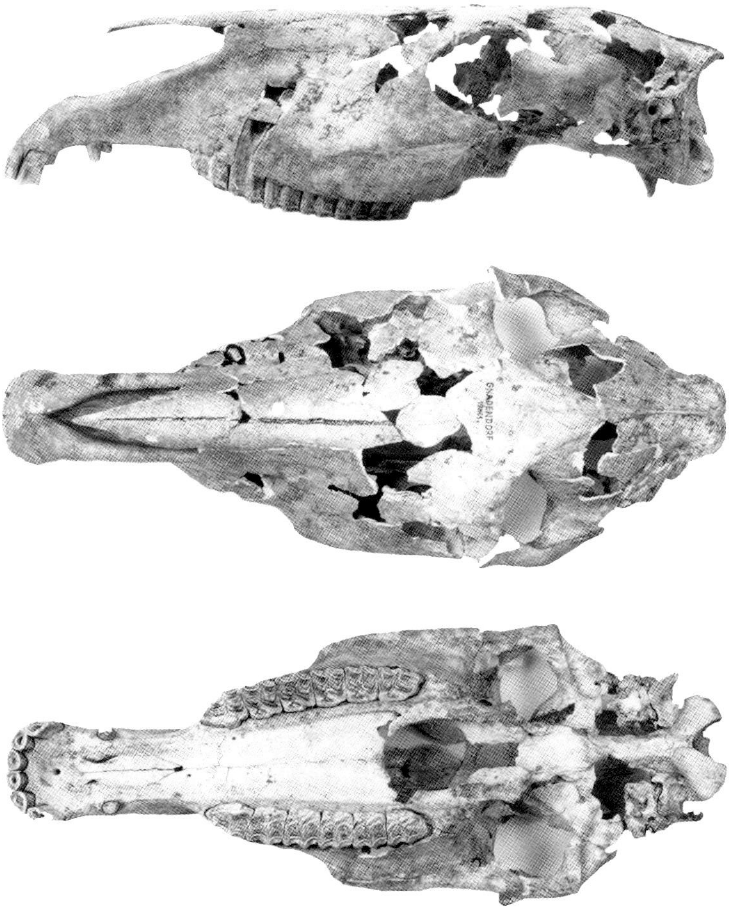

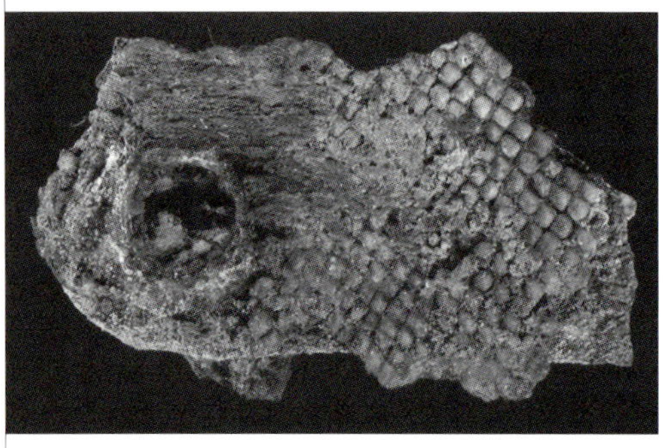

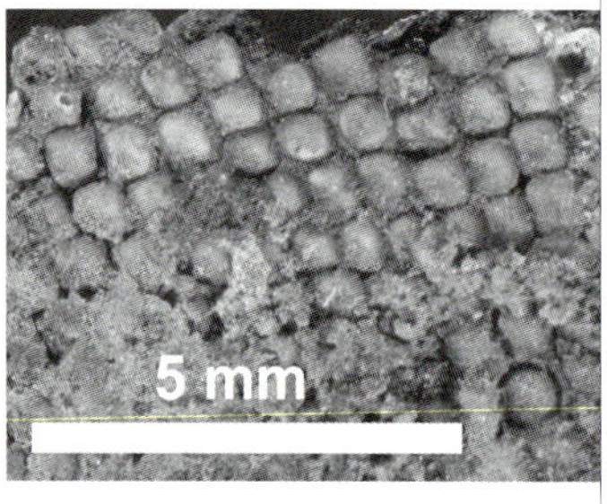

ABB. 5 Hautreste eines Knorpelfischs. – Objekt 1 von der Außenseite. Br. Ca. 17 mm und Detail.

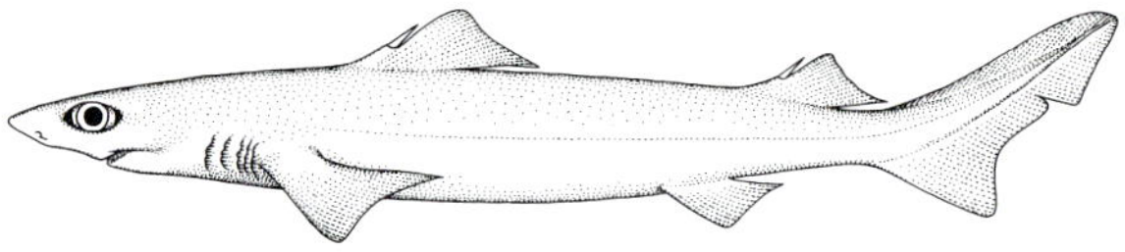

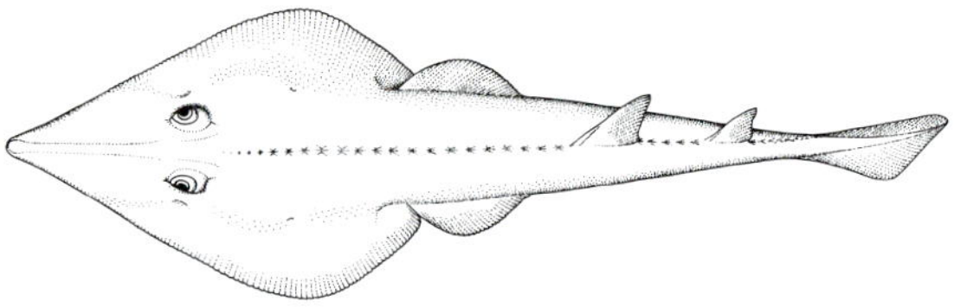

ABB. 6 Rauer Dornhai (oben) und Gitarrenfisch (unten).

Anders die Fleischbeigabe, die man neben den Kopf gelegt hatte: Der Oberschenkel des etwa dreieinhalb Jahre jungen Pferdes trug an den Gelenken feine Schnittspuren. Pferdefleisch als Nahrung ist bei den Ungarn bislang nicht nachgewiesen worden, obwohl man sogar überlegt hat, ob nicht das Reitpferd bei der Begräbniszeremonie verspeist worden wäre. Die Beigabe eines Fleischstücks von einem anderen (!) Pferd in Gnadendorf kann mit László Révész als Gegenbeweis für diese Theorie gesehen werden. Wir müssen zugeben, dass wir vom eigentlichen Bestattungsritual, das sich ja über lange Zeit hingestreckt haben kann, kaum eine Ahnung haben.

Sind die beiden Pferde aus Gnadendorf typisch für die der frühen Ungarn oder eher westlicher Herkunft? Erich Pucher hat versucht, dies durch metrische Vergleiche festzustellen, ist aber zu keinem klaren Ergebnis gekommen. Immerhin tendiert das Reitpferd, von dem naturgemäß mehr und aussagekräftigere Maße genommen werden konnten, eher zu den kleinen ungarischen (und den früheren awarischen) Pferden, als zu westlichen Züchtungen.

Luxus aus dem Meer: Hai oder Rochen

Als der Restaurator des Niederösterreichischen Landesmuseums, Josef Steiner, den Säbel restaurierte, fielen ihm kleine Fragmente mit einer genarbten Oberfläche auf, die mit der Waffe eingeliefert worden waren. Leider war nicht mehr festzustellen, woher sie genau stammen, vermutlich jedoch vom Griff des Säbels. Der Archäozoologe Dr. Günther Karl Kunst (Wien) hat sich in Zusammenarbeit mit internationalen Experten bemüht, die Hautfragmente zu bestimmen, doch gelang dies nicht mit letzter Sicherheit. Die kleinen Proben waren schon zu sehr beschädigt und zeigten wesentliche Merkmale nicht mehr, die eine genaue Bestimmung ermöglicht hätten. Mit hoher Wahrscheinlichkeit handelt es sich jedoch um Reste einer Hai- oder Rochenhaut, die extrem widerstandsfähig sind (Abb. 5–6). Natürlich war dieses Material sehr schwer zu bekommen, man musste es vom Ostatlantik oder Mittelmeer kommen lassen. Das steigerte zusätzlich den Wert des Säbels. Allerdings hatte es auch einen praktischen Nutzen: Durch die genarbte Oberfläche der Hai- oder Rochenhaut wurde ein damit überzogener Säbelgriff rutschfest. In der Hitze des Gefechts konnte das einen entscheidenden Vorteil bringen.

Auch der Griff des berühmtesten mittelalterlichen Säbels, des »Säbels Karls des Großen« (siehe unten Abb. 20) in der Wiener Schatzkammer, ist mit einer Fischhaut überzogen. Lediglich dekorative Funktion haben die silbergrauen und teilweise verschieden groß genarbten Fischhäute, mit denen mongolische Sättel des Spätmittelalters beklebt waren.

Schnell und tödlich: die frühungarische Bogenwaffe

Sicher war der Junge von Gnadendorf auch mit der bedeutendsten Waffe der frühungarischen Krieger bestens vertraut, dem zusammengesetzten Reflexbogen. Er war verhältnismäßig kurz, nur 120 bis 140 cm lang, wodurch der Reiter seine volle Bewegungsfreiheit behielt. Für ihre Gewandtheit als Reiter waren die Ungarn berühmt: Es schien, als wären sie mit ihren Pferden »verwachsen«. Tatsächlich verbringen Reiterhirten ihr Leben mit ihren Pferden. Für das Leben in der Steppe, für die Arbeit mit den Herden, die Jagd, die Kommunikation zwischen den kleinen Gemeinschaften ist das Reittier unverzichtbar. All die Fähigkeiten, die ein Steppenbewohner im Frieden braucht, machen auch einen gefährlichen Krieger aus. Doch es war nicht nur die Reitkunst, die den Kampferfolg garantierte. Wie vorher die Skythen, Hunnen und Awaren erzielten auch die frühen Ungarn ihre Kampfkraft aus Taktik, Schnelligkeit und Präzision. Scheinangriffe und eine genaue Abstimmung kleinerer Verbände untereinander waren für ihre Kampfweise typisch. Der rasche Szenenwechsel konnte den weniger gut trainierten Gegner völlig verwirren. Ein guter Krieger benötigt jedoch auch »ein gutes Material«, eine verlässliche Ausrüstung. Die Wunderwaffe der Steppenreiter war der zusammengesetzte Reflexbogen.

Der frühungarische Bogen bestand aus vielen verschiedenen Teilen, die miteinander verklebt werden mussten: Lamellen aus verschiedenen Hölzern, Versteifungen in der Mitte und an den Enden aus Hirschgeweih, außen Sprungsehnen, verklebt mit Leimen, die aus Fischhaut oder Sehnen gewonnen worden sind, vielleicht abgemischt mit Harzen oder Wachsen, um bestimmte Eigenschaften zu erzielen. Der frühmittelalterliche Bogen war ein »Hi-End«-Gerät. Dennoch hatte er auch einen Schwachpunkt: Seine Anfälligkeit gegen Feuchtigkeit, die sich dann auch manche frühgeschichtliche Armeen zu Nutze machten.

In der Ruhelage, wenn die Sehne nicht eingehängt war, neigten sich die Enden des Bogens vom Schützen weg. Um sie schussbereit zu machen, bog man die Waffe über die Gerade in die entgegengesetzte Richtung und fixierte die Sehne. Dadurch erhielt der Bogen eine gewaltige Vorspannung. Ein abgeschossener Pfeil erhielt somit eine gewaltige Reichweite und Durchschlagskraft. (Seite 49, Abb. 10)

Die Pfeile der Ungarn hatten meist rhombische Pfeilspitzen, und auch unser Gnadendorfer Junge wird solche verwendet haben. Warum hat man ihm weder Bogen noch Pfeile in das Grab mitgegeben?

Leicht zu übersehen: Textilreste

An drei Metallgegenständen aus Gnadendorf hatten sich kleine Textilreste ankorrodiert erhalten. Mag. Natascha Müllauer (Wien) konnte sie unter dem Lichtmikroskop untersuchen und die Drehrichtung des Zwirns sowie die Bindeart bestimmen.

Innerhalb des linken Unterarms des Toten lag ein kleines Eisenobjekt, eventuell eine Eisenschnalle, daran angerostet ein fein gefälteltes Gewebestück, bei dem es sich mit hoher Sicherheit um sehr qualitätvollen Seidentaft gehandelt hat, möglicherweise sogar mit einem Webmuster. Eine

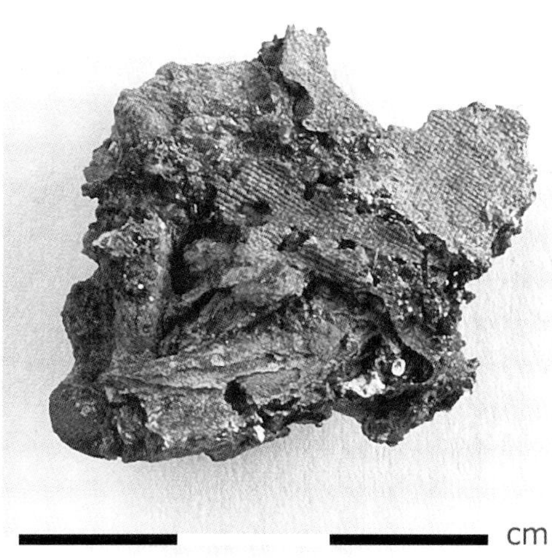

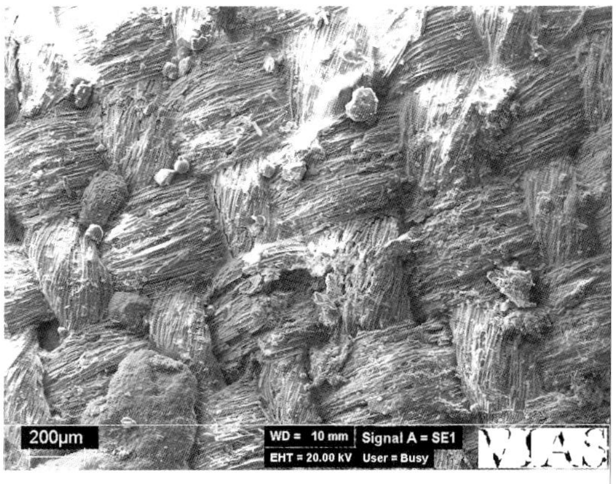

ABB. 7 Textilanhaftung an einem Metallstück (oben). REM-Aufnahme (links). Gut zu erkennen sind die Gewebestruktur und Fadendrehung des Fadensystems 1 sowie der Zerstörungsgrad des Fasermaterials.

Aufnahme mit dem Rasterelektronenmikroskop zeigt eindrucksvoll das Webbild, welches sich aus einerseits scharf gedrehten und andererseits »eher gefachten«, kaum gedrehten Fäden ergibt (Abb. 7). Fädenbündel zu verarbeiten, funktioniert ausschließlich mit Seide, da nur der Seidenfaden bis zu 1800 m lang ist. Alle anderen Tierfäden (Wolle) und sämtliche Pflanzenfasern (Baumwolle, Leinen) müssen versponnen (verzwirnt) werden, damit man sie verweben kann. Laut Prof. Dr. Annemarie Stauffer (Köln) spricht die höhere Schussdichte des Seidengewebes eher für eine westliche Provenienz des wertvollen Gewebes, da sich die chinesischen Gewebe seit der frühesten Zeit eher durch eine höhere Kett- als Schussdichte auszeichnen. Seidengewebe konnten in frühungarischen Gräbern bisher nur selten nachgewiesen werden. Wahrscheinlich stammen die ungarischen Seiden aus dem Schwarzmeergebiet oder dem Byzantinischen Reich.

Interessant sind auch die beiden anderen Gewebereste, die sich an der Rückseite von Gürtelbeschlägen erhalten haben. Beide sind aus Bastfasern, vermutlich Leinen, gefertigt und ebenfalls von sehr hoher Qualität. In einem Fall ähnelt das Webmuster aus scharf gedrehtem und nur leicht verzwirntem Garn entfernt dem Seidenfragment. Das andere Fragment ist etwas gröber und aus einer einzigen Garntype, einem scharf Z-gedrehten Zwirn, gewebt.

Leider sind die Textilreste zu klein, um fundierte Aussagen zur Kleidung treffen zu können, doch sind sie alle von guter oder gar außergewöhnlicher Qualität. Sie passen daher gut zu dem wertvollen Säbel und dem aufwändigen Bestattungsritus.

Aufgenähte Beute? Die Münzen

Im Grab von Gnadendorf befanden sich zumindest 11 Münzen, von einer ist nur ein kleines Fragment erhalten. Bis auf eine waren alle mehrfach gelocht, sieben davon vierfach, eine mit sechs, eine wahrscheinlich mit acht Löchern. Sie alle wurden während einer ungewöhnlich kurzen Zeit geprägt: Drei sind frühe Prägungen Berengars (vor 900), drei Prägungen Ludwigs von 900-902 (darunter auch die einzige nicht gelochte Münze), fünf Prägungen Berengars relativ bald nach 900. Lediglich eine davon könnte theoretisch auch noch in die Zeit Berengars als Kaiser, also in die Zeit zwischen 915 und 924, fallen (Abb. 8, 1–11).

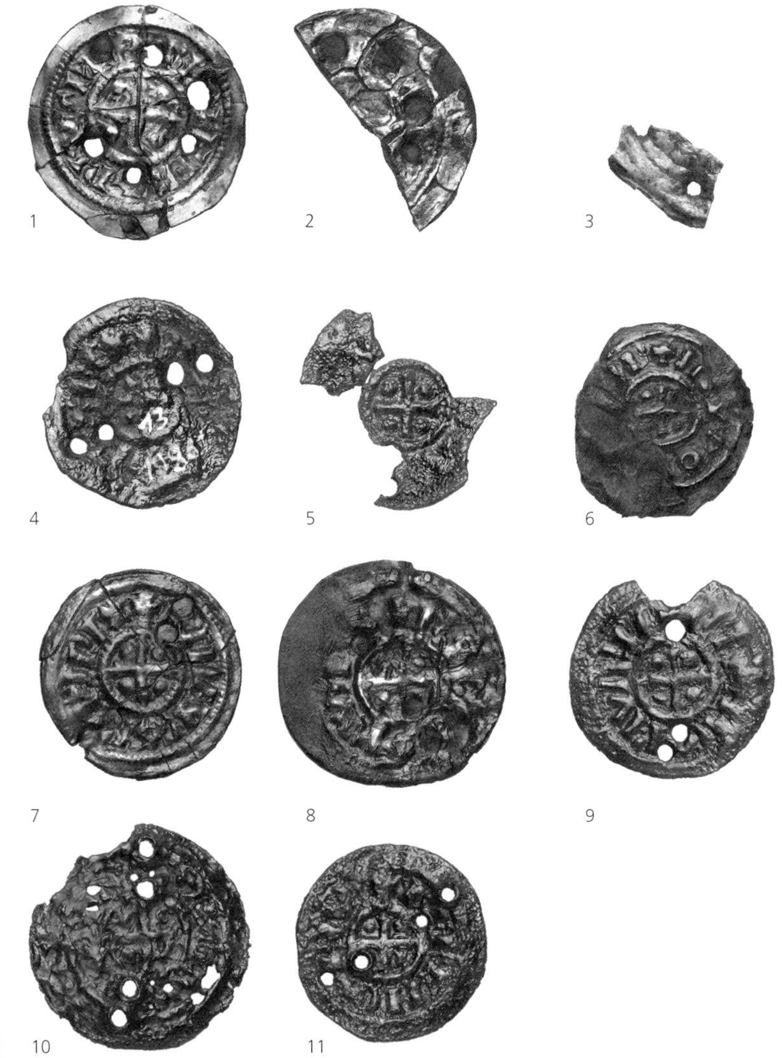

ABB. 8 Silbermünzen aus dem Grab. – 1 König Berengar, frühe Ostprägung, vor 900. – 2 König Berengar, frühe (Ost-) Prägung, vor 900. – 3 Münze mit Rest der Avers-Legende ...RIVSR. – 4 König Ludwig, Westprägung, 900-902. – 5 König Ludwig, Westprägung, 900-902. – 6 König Ludwig, Westprägung, 900-902. – 7 König Berengar, Ostprägung, relativ bald nach 900. – 8 König Berengar, Ostprägung, relativ bald nach 900. – 9 König Berengar, Ostprägung, relativ bald nach 900. – 10 König Berengar, Ostprägung (Münzstätte Venedig oder Verona), relativ bald nach 900. – 11 König Berengar, Ostprägung, relativ bald nach 900.

Genau genommen bildet das erste Prägejahr der jüngsten Münze eines »geschlossenen Fundes« den *terminus post quem* für die Niederlegung des Komplexes, in unserem Fall wäre das nach der Bestimmung von Prof. Dr. Wolfgang Hahn (Wien) das Jahr 900 (oder mit geringer Wahrscheinlichkeit 915). Die Zeit, die aber tatsächlich zwischen der jüngsten Münzprägung bis zur Grablegung verstrichen ist, kann nur schwer abgeschätzt werden. Die Tatsache, dass alle bis auf eine Münze aufgenäht waren und das Gewand geschmückt haben, spricht für eine längere Frist; dass die einzige ungelochte Münze aus dem gleichen kurzen Zeitraum stammt, für eine kürzere. Ein weiterer Unsicherheitsfaktor ist die Frage, ob der Knabe überhaupt mit seinen eigenen Sachen begraben worden ist, oder ob sie von einem Vorfahren stammen – eventuell zur Steigerung der Wirkung, die das Begräbnis auf die Trauergäste ausüben sollte. Die starke Abnützung der Säbelbeschläge und der Münzen spricht für eine lange Laufzeit von Kleidung und Ausrüstung, die mit dem Lebensalter des Toten nicht in Einklang gebracht werden kann.

Wertvolles und Nützliches: Schmuck, Säbel, Gürtel, Reitzubehör

Die antiquarische Bearbeitung der Gegenstände aus dem Grab von Gnadendorf (Abb. 9) führte Dr. László Révész (Budapest) durch. Seine Hauptfrage: Inwieweit sind die Funde von Gnadendorf für die ungarische Kultur des Frühmittelalters typisch, und inwieweit enthält der Komplex auch fremde Elemente?

Die geographische Lage des Grabes, die Qualität des Säbels, die Beigabe von Pferdefleisch samt Messer und andere Details machen das Grab von Gnadendorf und den hier Bestatteten zu einem Sonderfall. Aber das Grab enthält keinerlei Gegenstände, die der traditionellen ungarischen Kultur des 10. Jahrhunderts fremd wären. Lediglich zur verzinnten eisernen Gurtschnalle (Abb. 21) gibt es im bislang bekannten ungarischen Fundmaterial keine Analogie, was aber mit dem Aufwand zu tun haben könnte, den es erfordert, derartige Feinheiten freizulegen. Die Reste der Verzinnung, die Uwe Herz (Mainz) bei der Restaurierung der Schnalle fand, bestanden aus einem feinen hellgrauen Schimmer. Dr. Susanne Greiff (Mainz) konnte sie mit Hilfe der Mikro-RFA (zerstörungsfreie Röntgenfluoreszenzanalyse) als oxidiertes Zinn identifizieren.

Der Junge trug zwei offene Drahtringe als Kopfschmuck (Abb. 10). Ringe dieser Art waren im 10. und bis in das 11. Jahrhundert üblich und wurden sowohl von Kindern, Frauen und Männern

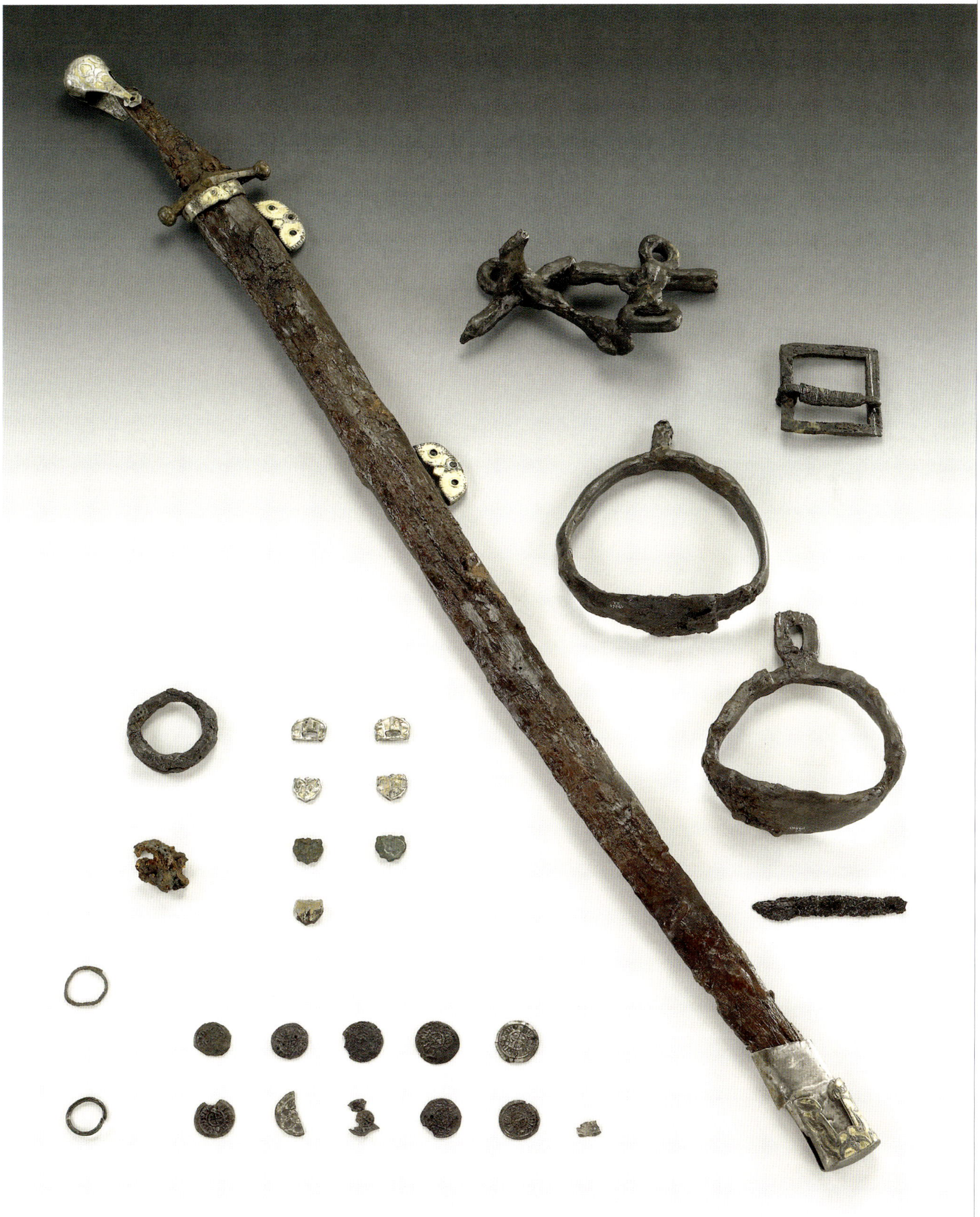

ABB. 9 Gnadendorf, Reitergrab. – Die Beigaben.

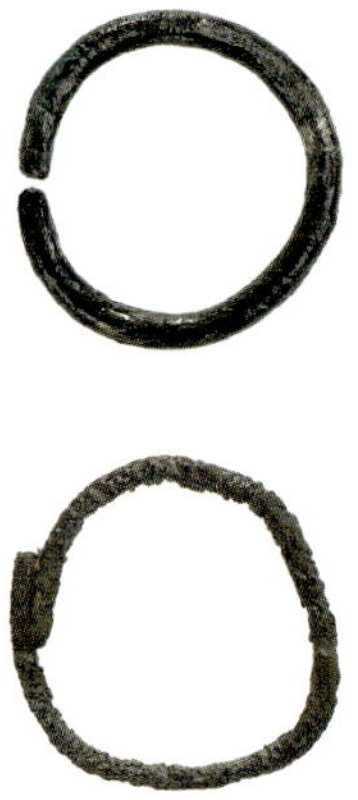

ABB. 10 Zwei Schläfenringe, Kupfer- und Silberlegierungen. M. 1:1.

getragen. Einer der beiden Ringe lag bei den Pferdeknochen und ist dorthin möglicherweise von einem Kleinnager vertragen worden. Die chemische Analyse, die Susanne Greiff durchführte, ergab die Verwendung einer bislang noch nicht beobachteten Legierung aus etwa 55% Kupfer, 40% Silber und 5% Zink. Der Ohrring wurde nach dem Guss bzw. dem Ausschmieden »weißgesiedet«, was eine schon in der Antike gängige Praxis darstellte. Die unedlen Bestandteile wurden mittels diverser Säuren, wie Essig, an der Oberfläche teilweise ausgelaugt, und der Ohrring schien aus reinem Silber zu bestehen. Da die verwendete Legierung von sich aus eher weißlich wirkt, machte die chemische Behandlung jedoch keinen großen Unterschied. War es ein Standardverfahren, dem alle »Produkte« aus einer Kupfer-Silber-Legierung unterzogen wurden? Doch sehen wir weiter.

Der mit zahlreichen Beschlägen verzierte Gürtel gehörte zum typischen Kleidungszubehör des vornehmen Ungarn, wenngleich er auch nicht so verbreitet war, wie bei den Awaren des 7. und 8. Jahrhunderts. 184 frühungarische Gräber von immerhin 27000 bisher bekannten enthielten Gürtel. Ungarische Gürtel des 10. Jahrhunderts bestehen üblicherweise aus einer Hauptriemenzunge, Schnalle und bis zu 50 Beschlägen. Der Gürtel des »Fürsten« von Zemplin/Zemplén hatte sogar 128 Beschläge. Die Gürtel unterscheiden sich freilich nicht nur durch die Länge und die Anzahl, Form und Verzierung der Beschläge, sondern auch durch das verwendete Material. Die Beschläge bestehen meist aus Silberlegierung, seltener aus Bronze, und nur wenige aus reinem Gold. Einschränkend muss hinzugeführt werden, dass m.W. bislang kaum regelrechte chemische Analysen an frühungarischem Gürtelbesatz durchgeführt worden sind. In unserem Fall wurden die Beschläge von Dr. Birgit Bühler (Wien) unter dem Mikroskop untersucht. Zwar sind die Oberflächen stark verschliffen, aber es ist doch klar zu erkennen, dass sie gegossen und dann oberflächig überarbeitet worden sind, bevor man sie stellenweise feuervergoldet hat. Mag. Ing. Mathias Mehofer (Wien) konnte die Gürtelbeschläge im Rasterelektronenmikroskop zerstörungsfrei chemisch analysieren. Wie bei den Ohrringen finden wir hier eine Legierung aus Silber, Kupfer und Zink mit kleinen Bleieinschlüssen. Bei der Feuervergoldung wird Gold zu Staub zerkleinert und dann mit Quecksilber vermengt. Das Amalgam hat man mit einem Pinsel auf die Stellen gestrichen, die vergoldet werden sollten. Dann erhitzte man den Gegenstand im Feuer, wobei das Quecksilber verdampfte und eine dünne Goldhaut zurückblieb. Diese Methode ist äußerst sparsam und war im Frühmittelalter weit verbreitet. Die Bleiverunreinigungen hätten sich nach einiger Zeit durch die feine Goldschicht gefressen und sich als schwarze oder graue Flecken bemerkbar gemacht. Es kann gut sein, dass die Absäuerung der Oberfläche eigentlich als Vorbehandlung für die Vergoldung notwendig war.

Leider sind die Gürtelbeschläge stark abgenützt, sodaß die Verzierungen nicht klar zu er-

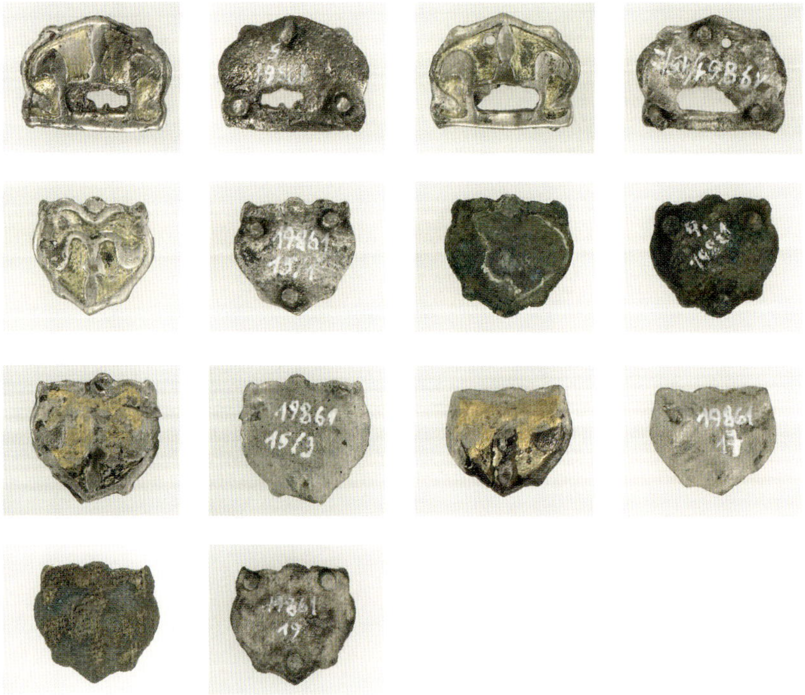

ABB. 11 Gürtelbeschläge, kupferhaltige Silberlegierung, vergoldet. M. 1:1.

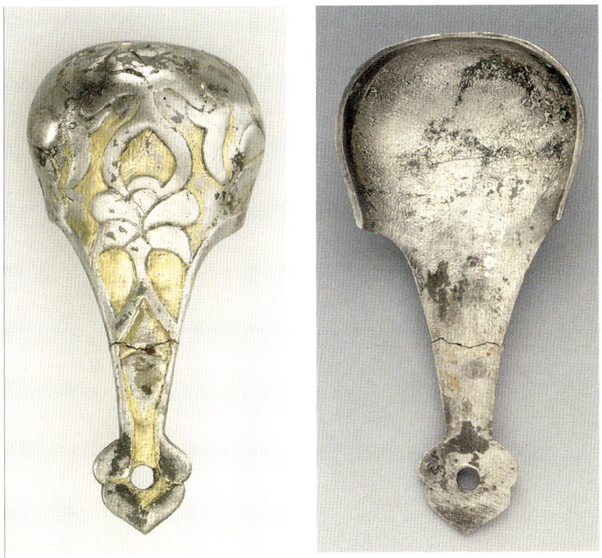

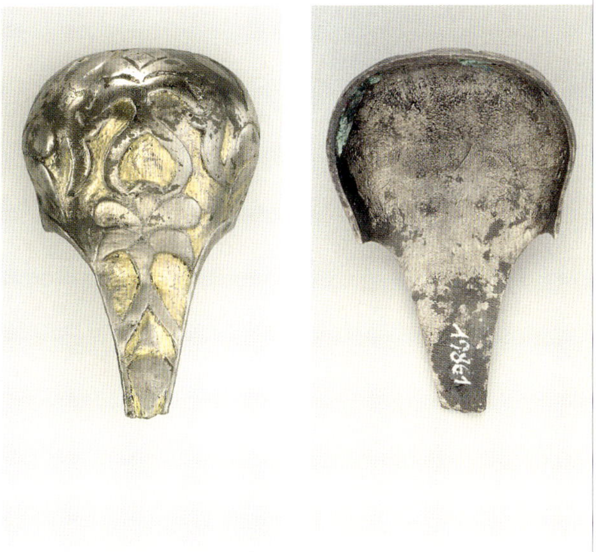

ABB. 12 Metallschalen vom Knauf des Säbels, kupferhaltige Silberlegierung, vergoldet. M. 1:1.

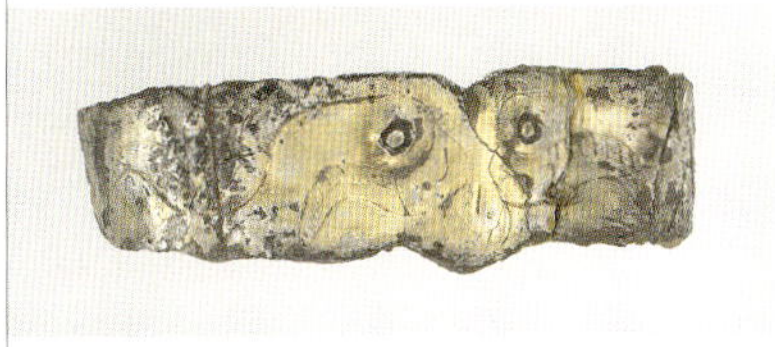

ABB. 13 Mundblech der Säbelscheide, Silberlegierung, vergoldet. M. 1:1.

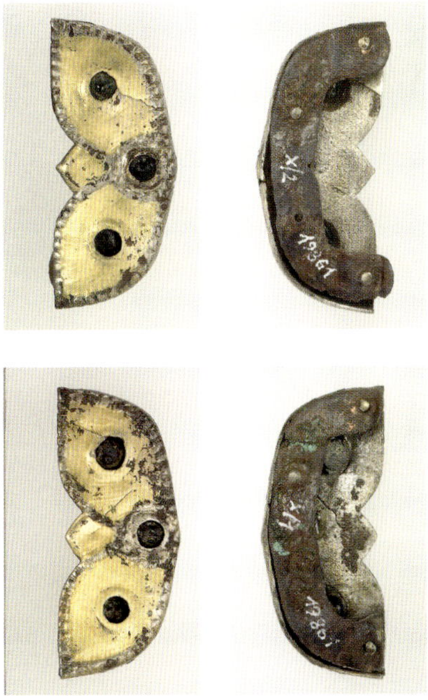

ABB. 14 Trageösen der Säbelscheide, kupferhaltige Silberlegierung, vergoldet. M. 1:1.

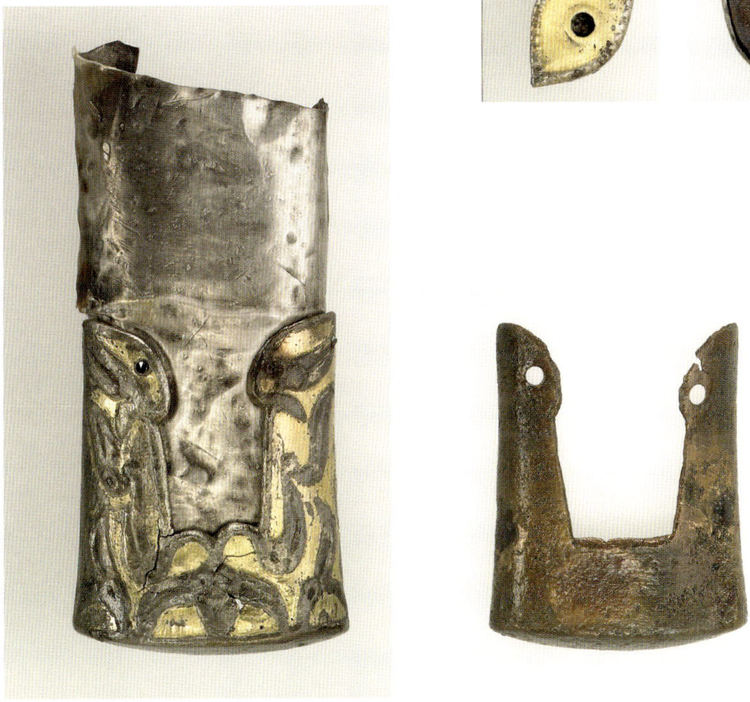

ABB. 15 Ortband der Säbelscheide. Vorderteil: Kupfer-, Silberlegierung, teilweise vergoldet; dahinter Silberblech; Rückteil: Kupferlegierung. M. 1:1.

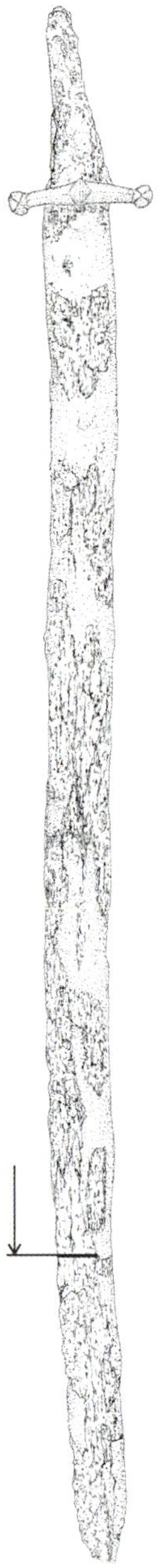

ABB. 16 Archäometallurgische Untersuchung am Säbel. Oben: Probeentnahmestelle. Unten: Anschliff. Kohlenstoff- und Schlackenverteilung (Nital), Härtemessung.

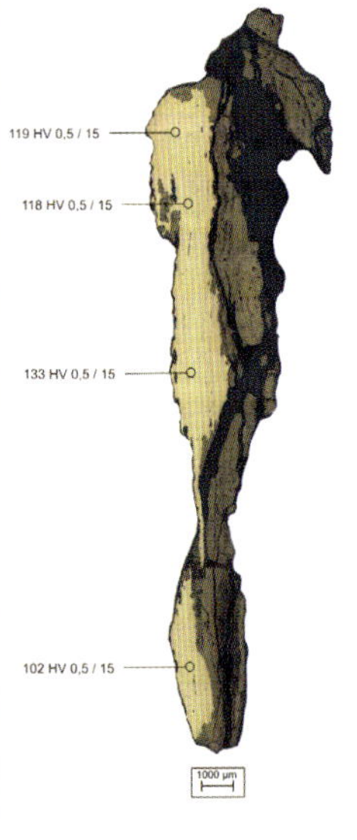

kennen sind. In einem Fall kann ein zweigabeliges Rankenmotiv ausgemacht werden. Ranken-Blumen-Verzierungen sind im 10. Jahrhundert nicht ungewöhnlich. Gürtelbeschläge dieser Art kennen wir von neun Fundorten, verteilt über das ganze Karpatenbecken.

Die Tatsache, dass man dem jugendlichen Krieger von Gnadendorf offenbar nur einen Teil des Gürtels mitgegeben hat, ist nicht so ungewöhnlich, ganz im Gegenteil: Vollständige Gürtel sind selten. Es ist anzunehmen, dass es üblich war, sie vor der Grablegung zu zerschneiden. Was für Überlegungen diesem Grabritus zugrunde liegen, bleibt uns letztlich verborgen.

Eine kleine Eisenschnalle mit anhaftenden Seidenresten könnte zu dem Gürtel gehört haben; dagegen spricht lediglich, dass zwei der Silberbeschläge ebenfalls Textilfragmente trugen, allerdings von anderen Kleidungsstücken aus feinem Leinen.

Die durchlochten Münzen, von denen oben die Rede war, gehörten ebenfalls höchstwahrscheinlich zur Kleidung des Toten. Sie stammen von einem früheren Raubzug der Ungarn nach Italien, und vermutlich hat man sie – quasi als Trophäen – am Saum des Übergewandes, das man sich meist als Kaftan vorstellt, angenäht. In unserem Fall sind diese jedoch von der Grabmitte bis fast zu den Füßen des Toten verteilt, und die Lage der Münzen zeigt kein eindeutiges Muster. Es kann sein, dass sie – wie auch einer der Ohrringe – durch Kleintiere verschleppt worden sind, aber László Révész will auch nicht ausschließen, dass einige Münzen das Zaumzeug des teilweise mitgegebenen Pferdes geschmückt haben.

Aus dem 10. Jahrhundert kennen wir rund 150 Säbel, doch der aus Gnadendorf ist einer der schönsten und wertvollsten (Abb. 9). Wie der Gürtel dürfte auch der Säbel vor der Grablegung absichtlich zerstört worden sein, lagen doch die Teile des Ortbands, des unteren Scheidenabschlusses, miteinander verbunden bei den Füßen des Toten. Es ist schwer vorstellbar, dass dieser doch recht gewichtige Teil von einem Tier dorthin verschleppt worden sein soll. Der Griff des Säbels ist bei den Baggerarbeiten, die im Jahr 2000 zur Auffindung des Grabes geführt haben, herausgerissen und beschädigt worden. Allerdings kann László Révész die Funktion der einzelnen Bestandteile mit Hilfe von Analogien rekonstruieren.

Der Säbel hat definitionsgemäß eine gekrümmte einschneidige, am Ende zweischneidige Klinge. Er ist eine typische Reiterwaffe, mit der ziehende Hiebe geführt werden. Der Griff des ungarischen Säbels ist, wie offenbar auch im Fall des Gnadendorfer Stückes, das allerdings stark restauriert ist, in der Regel gegen die Schneide angewinkelt. Dadurch ist die Waffe – wie Révész ausführt – besser ausbalanciert, und man kann damit auch gezielt zustechen.

Leider ist die Klinge sehr stark angegriffen. Dennoch führte Mathias Mehofer eine archäometallurgische Untersuchung durch (Abb. 16). Die Säbelklinge ist sehr homogen und somit von guter Qualität, allerdings gibt es keine Hinweise auf die gezielte Härtung einzelner Klingenabschnitte. Das könnte durchaus gewünscht worden sein, weil die Klinge dadurch im Kampf kaum bricht. Sollten gezielt die Schneide und Spitze gehärtet gewesen sein, wie wir annehmen können, ist davon jedenfalls nichts mehr erhalten. Um ein verlässliches Bild von der frühungarischen Schmiedetechnik zu gewinnen, wird es notwendig sein, noch besser erhaltene Säbel aus dem 10. Jahrhundert archäometallurgisch zu analysieren.

Der Säbel aus Gnadendorf war eine prächtige Waffe, wie eine graphische Rekonstruktion zeigt (Abb. 17). Der hölzerne Griff war – wie schon berichtet – mit Hai- oder Rochenhaut überzogen. Die Fischhaut, die ja nicht so leicht zu beschaffen war, steigerte vor allem den Wert des Säbels, hatte aber auch eine wichtige technische Funktion: Sie machte den Griff rutschfest. Bei der frühmittelalterlichen Prunkwaffe, die als »Säbel Karls des Großen« (Abb. 20) in der Wiener Schatzkammer verwahrt wird, ist ebenfalls der Griff mit Fischhaut beklebt, die Scheide mit Leder überzogen. An der Außenkante des Säbels von Gnadendorf war der Griff mit einem verzierten Silberblech beschlagen, von dem noch kleine Reste erhalten sind. Am Griffende saß ein aus zwei Schalen bestehender Knauf, der teilweise über das Griffblech reichte. Der besser erhaltene Säbel von Karos III, Grab 11, der zugleich das einzige gute Vergleichsstück zu dem Säbel aus Gnadendorf darstellt, zeigt die Konstruktion (Seite 10, Abb. 5). Die Knaufschalen sind mit einem Ranken-Palmettenmuster verziert, der Hintergrund des Musters ist vergoldet. Wie die Ohrringe und die Gürtelbeschläge bestehen auch die beiden gegossenen Knaufschalen aus einer Kupfer-Silber-Zink-Legierung mit Bleieinschlüssen. Wie Dr. Birgit Bühler (Wien) zeigen konnte, hat man die Verzierungen vor dem Vergolden (wohl auch vor dem Weißsieden) sorgfältig überarbeitet, geglättet und den Dekor geschärft. Gegen die Parierstange zu schloss der Griff mit einem umlaufenden Zierblech ab, von dem noch einige Reste vorhanden sind. Es bildete einen optischen Gegensatz zu dem Knauf.

Die Parierstange hatte man in einem Stück aus Buntmetall gegossen und über die Angel gescho-

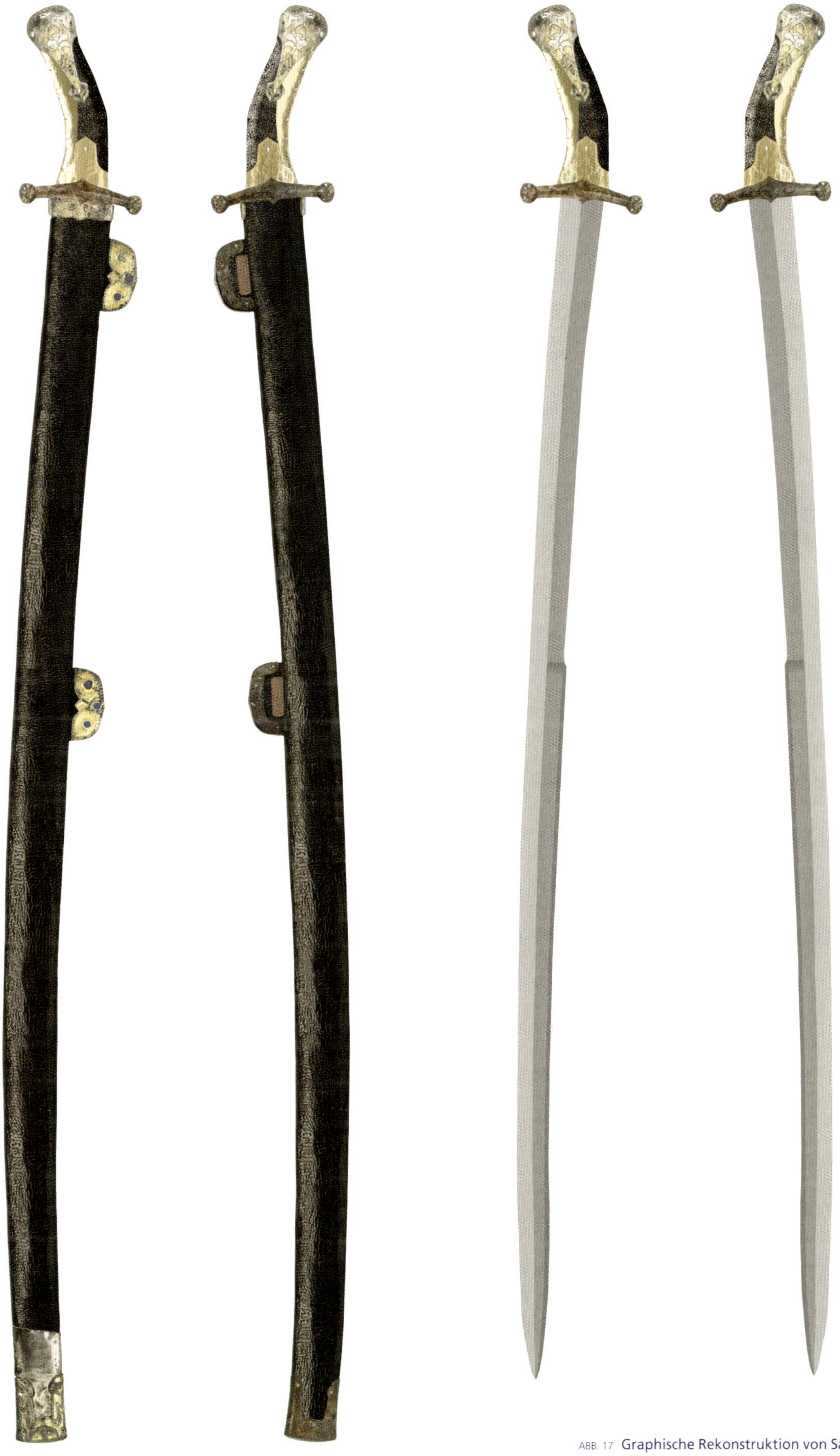

ABB. 17 Graphische Rekonstruktion von Säbel und Scheide.

ben, bevor der Holzgriff befestigt worden ist. Sie endet beiderseits in Knospen, die Mitte ist als flache Pyramide ausgebildet.

Die Holzscheide war sicher mit Leder überzogen. Oben endete sie in einem silbernen und vergoldeten Scheidenmundblech, das von László Révész unter den verlagerten Funden identifiziert werden konnte. Es ist mit einem flachen Rankenwerk verziert.

In den Lederüberzug waren höchstwahrscheinlich zwei Laschen eingearbeitet, die mit Holz versteift waren und an denen die Trageriemen befestigt werden konnten. Diese Laschen steckten in kastenförmigen Trageösen aus Silberblech, für die keine direkten Analogien bekannt sind. Sie haben jeweils die Form zweier großer und eines kleinen Palmettenblattes und sind mit getriebenen Perlrändern und jeweils drei Glasperlen geschmückt. Letztere sitzen nicht in Fassungen, sondern sind hinter runden Ausschnitten montiert, deren Ränder lediglich leicht aufgetrieben sind. Glaseinlagen kommen im ungarischen Material ausgesprochen selten vor, beispielsweise im bereits zitierten Gräberfeld III von Karos, Grab 11.

Außergewöhnlich ist auch das zweiteilig gegossene Ortband, der repräsentative untere Abschluss der Säbelscheide. Der rankenverzierte vordere Ortbandteil unterscheidet sich von den Knaufschalen – bei sonst gleicher Zusammensetzung – durch einen merklichen Zinnanteil. Er stammt also sicher aus einer separaten Gusstranche, was natürlich nicht bedeuten muss, dass er später ergänzt wurde. Anders als die meisten bekannten ungarischen Ortbänder ist das Gnadendorfer Stück nicht kugelförmig ausgeführt, sondern schließt gerade ab. Unter den Gussbeschlägen fand sich ein der Säbelscheide angepasstes Silberblech, mit dem offenbar eine Beschädigung der Holzscheide, etwa ein Längsriss am unteren Ende, wenig fachgerecht repariert worden ist. Der hintere Ortbandteil ist aus Bronze gegossen, und Révész ist der Meinung, dass er ein früheres Exemplar aus Silber ersetzt hat.

Der Säbel von Gnadendorf steht im Material der ungarischen Frühgeschichte fast allein dar. Nur rund ein Dutzend der insgesamt ca. 150 bekannten ungarischen Säbel des 10. Jahrhunderts ist mit silbernen Beschlägen verziert, davon fanden sich die meisten im Gebiet der oberen Theiß, im heutigen NO-Ungarn. Von dort stammt auch die einzige direkte Analogie zum Säbel von Gnadendorf, die schon mehrfache genannte Prunkwaffe von Karos III, Grab 11.

Bei den Münzen, den Gürtelbeschlägen und vor allem beim Säbel wird die außergewöhnlich lange Nutzungsdauer offensichtlich. Alle sind stark abgerieben, bei den Gürtelbeschlägen sind die Verzierungen meist nicht mehr zu erkennen. Auch die Beschläge des Säbels sind stark abgenützt, dazu kommt die Reparatur des Ortbands und – nach Révész – vielleicht auch ein neues Scheidenmundblech.

Abgesehen von dem Messer, das man in die Pferdefleischbeigabe gesteckt hatte, und einem Eisenring unbekannter Verwendung fanden sich im Grab von Gnadendorf noch Reitzubehör, Teile vom Zaumzeug und vom Sattel. Die Trense (abb. 18) passt gut in das ungarische Spektrum. Sie ist klar asymmetrisch, ein Typ, der in reichen Frauen- und Männergräbern nur selten vorkommt.

Vom hölzernen Sattel ist leider nichts erhalten,

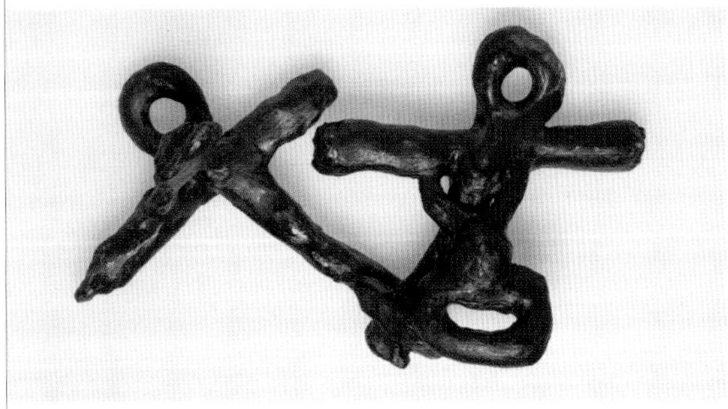

ABB. 18
Trense, Eisen.
M. 1:3.

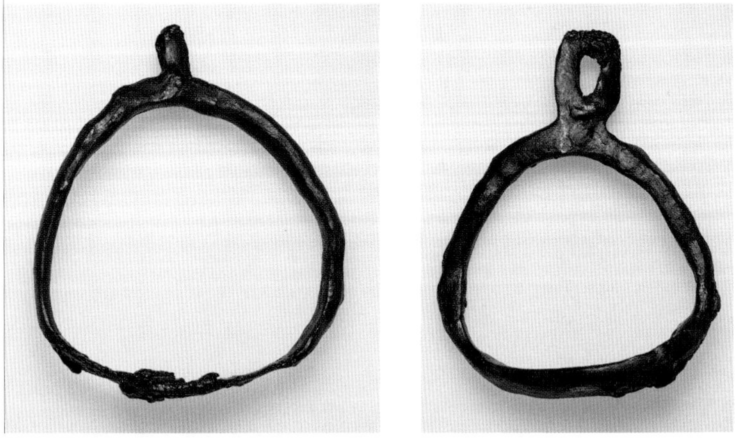

ABB. 19
Steigbügelpaar, Eisen.
M. 1:3.

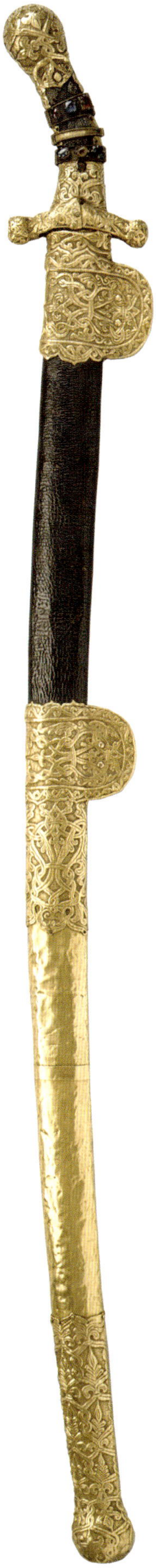

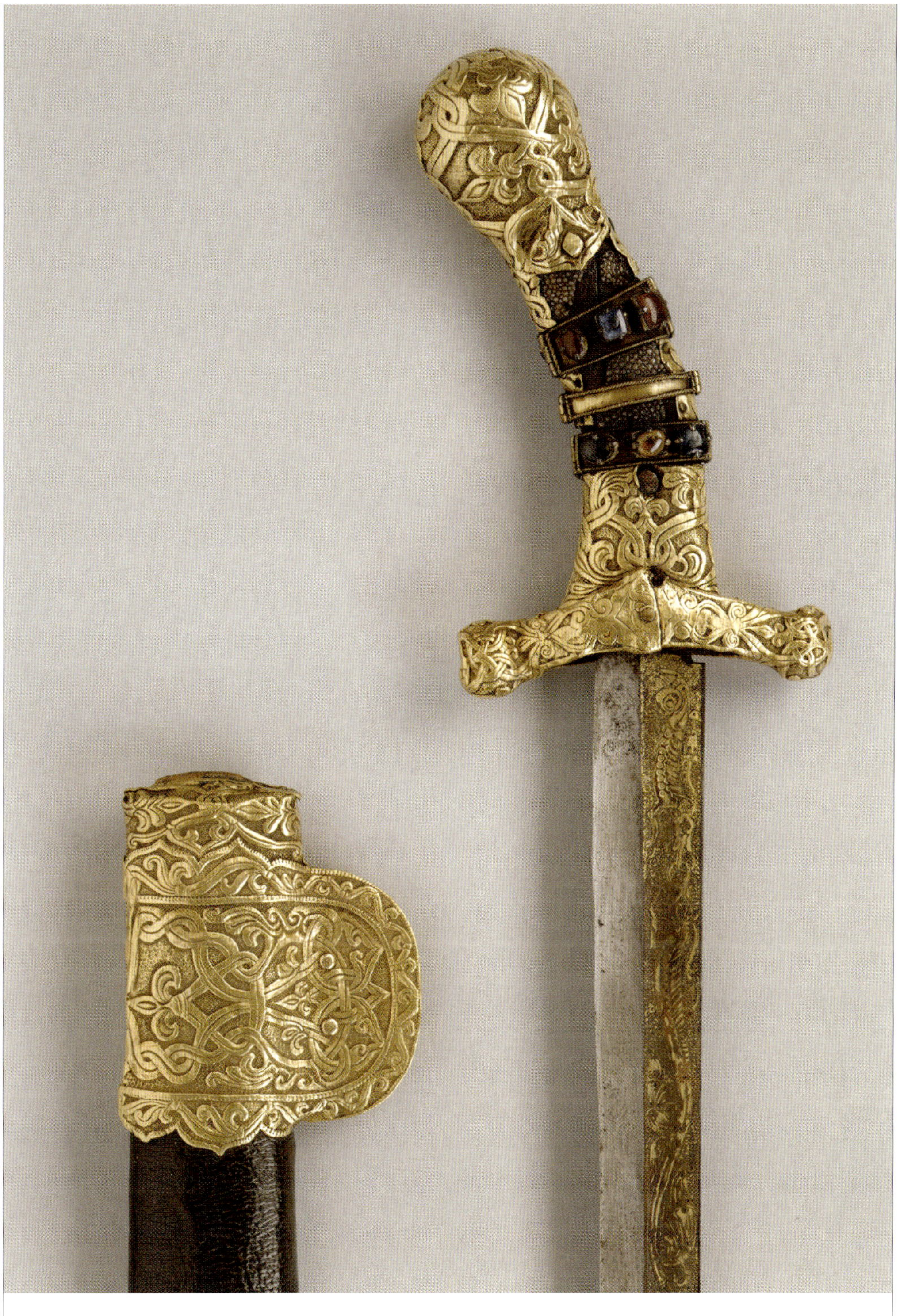

ABB. 20 Sog. Säbel Karls des Großen, Schatzkammer Wien.

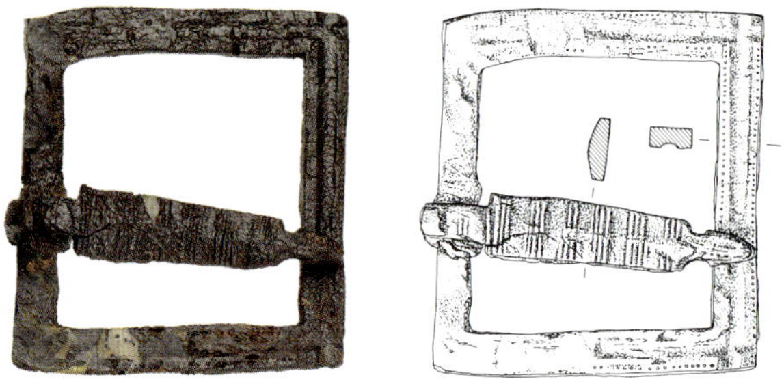

ABB. 21 Gurtschnalle, Eisen, verzinnt. M. 1:2.

allerdings lassen die beiden Steigbügel und vor allem die Gurtschnalle vermuten, dass ein solcher vorhanden war. Die Steigbügel (Abb. 19) sind stark angegriffen, doch die birnenförmige Grundform ist gut zu erkennen. In einem Fall dürfte der ausgeschmiedete Tritt gebrochen und wieder vernietet worden sein. Außergewöhnlich ist die quadratische eiserne Gurtschnalle (Abb. 21), die feinst mit Linien und Punktreihen verziert und oberflächig verzinnt war. Allerdings ist es durchaus möglich, dass sich gute Vergleichsstücke im ungarischen Fundmaterial verbergen, die man (noch) nicht mit der gleichen Sorgfalt untersucht und restauriert hat.

Der Weg ins Jenseits: ein gesellschaftliches Spektakel

Der Grabritus im Frühmittelalter wird kaum von den zeitgenössischen Autoren erwähnt. Archäologisch ist lediglich ein winziger Teil des gesamten Prozesses zu erfassen, und zwar, was sich davon unter der Erdoberfläche erhalten hat.

Bestattungsrituale kennen wir seit der Altsteinzeit; sie hängen wohl unmittelbar mit der Fähigkeit und der Notwendigkeit des Menschen zusammen, über sich, sein Leben und Sterben zu reflektieren. Ohne die Hoffnung darauf, den Tod in irgendeiner Form zu überleben, ist die Entstehung des Begräbnisbrauchtums kaum zu erklären, doch eignen sich emotionell aufgeladene Feste naturgemäß auch besonders für gesellschaftliche Demonstrationen. Man hat sie daher zuletzt mehrmals mit Theateraufführungen verglichen: Es gibt Akteure, Requisiten und Zuschauer, wobei der Tote – auch wenn dies etwas pietätlos klingt – zu den Requisiten zählt. Er wird bei diesem politischen »Event« Mittel zum Zweck.

Bestattungsbräuche können sehr langlebig, aber auch schnell wechselnden Moden unterworfen sein. Es ist stets interessant, zu beobachten, welche Elemente stabil bleiben und was als veränderbar gegolten hat. Vom Standpunkt des Bestattungsbrauchs fügt sich das Grab von Gnadendorf – wie László Révész zeigen konnte – gut in das allgemeine Bild der ungarischen Frühgeschichte ein. Von den rund 27000 bislang bekannten ungarischen Gräbern aus dem 10. und 11. Jahrhundert kennen wir etwa 1000 mit partieller Pferdebeigabe. Die Sitte, nur einen Teil des Pferdes mit Zaumzeug und Sattel mitzubestatten, kennen wir zwar auch aus der Frühawarenzeit (7. Jahrhundert), aber es gibt doch deutliche Unterschiede: Während die Awaren die Pferde häufig durch einen Schlag auf den Kopf getötet und die Beine mit einer Axt abtrennt haben, gingen die Ungarn offenbar subtiler vor. Die Pferdeskelette zeigen keinerlei Spuren von Gewalt. Anders als bei den Awaren wurden den Toten im 10. Jahrhundert auch niemals komplette Pferde mitgegeben.

Die Mitgabe von Pferdefleisch (sogar mit Messer) in Gnadendorf wurde sonst nie beobachtet, stellt also eine Besonderheit dar. Dass die frühen Ungarn bisweilen Pferdefleisch gegessen haben, zeigen aber die Abfälle aus Siedlungen des 10. und 11. Jahrhunderts, eventuell auch eine spätere Quellenstelle.

Gnadendorf und die ungarische Siedlungsarchäologie

Historisch interpretierbar sind Gräber grundsätzlich nur im Kontext des umgebenden Kulturmilieus. Gnadendorf ist in der weiteren Umgebung ein Einzelfall. Das nördliche Weinviertel gehört im 10. Jahrhundert keinem eindeutig geprägten, geschlossenen Siedlungsgebiet an, wie Dr. Miklós Takács (Budapest) in einer umfangreichen Studie zeigte. Nach Ausweis der Grabfunde haben die meisten Menschen in dieser Zeit einen slawischen kulturellen Hintergrund, der auf eine zunehmende Siedlungstätigkeit unter awarischer Oberherrschaft im 8. und am Rand des altmährischen Fürstentums im 9. Jahrhundert zurückgeht. Ein Bruch in der Besiedlung, als die Ungarn spätestens 907 die Oberherrschaft in diesem Gebiet übernommen haben, ist nicht zu beobachten.

Natürlich bildet sich die Expansion der Ungarn im 10. Jahrhundert im archäologischen Fundmaterial Mitteleuropas ab. Dr. Mechthild Schulze-Dörrlamm widmet diesem Thema einen eigenen Beitrag. Aussagekräftig sind vor allem die typischen rhombischen Pfeilspitzen, die sich gehäuft in Burganlagen und Höhensiedlungen finden. Doch nicht jeder frühungarische Gegenstand hat auch mit ungarischer Machtentfaltung zu tun; manches dürfte auch als Geschenk oder Handelsware zu den Nachbarn gelangt sein. Besonders Funde aus Böhmen und Mähren, aus Südpolen, aber auch aus dem heutigen Niederösterreich und der Steiermark spiegeln den ungarischen Einfluss im 10. Jahrhundert wieder, obwohl hier keine regelrechte ungarische Ansiedlung erfolgte. Ähnlich interpretiert Takács die als frühungarisch geltenden Funde aus Nordwestkroatien und Ostslowenien, die bisweilen als Nachweis für eine ungarische Besiedlung gedeutet worden sind.

Anders ist die Situation in Kleinpolen und Galizien, wo frühungarische Grabfunde in signifikanter Zahl gefunden worden sind. Besondere Aufmerksamkeit hat ein kleiner Friedhof von 16 teils gut ausgestatteten Gräbern in Przemysl (Polen) erregt, der erst zwischen 1976 und 1982 ausgegraben worden ist. Zwischen den frühungarischen finden sich typisch slawische Fundstellen, es lebte hier im 10. Jahrhundert somit eine kulturell gemischte Bevölkerung. Über die Machtverhältnisse sagen die Grabfunde freilich wenig aus.

Kehren wir nach Gnadendorf zurück. Im Umkreis von etwa zwei Tagesritten kennen wir bis dato keinen eindeutig ungarischen Fundort. Das geschlossene Siedlungsgebiet der Ungarn im 10. Jahrhundert beginnt östlich der March, im Tal der Dudváh/Dudvág und Waag. Besonders in der Südostslowakei, geographisch Teil der Kleinen Ungarischen Tiefebene, fand sich eine Reihe von Gräberfeldern, die belegen, dass sich die Ungarn hier schon relativ früh niedergelassen haben. An der March selbst in Skalica/Skalitz/Szakolca und südlich davon an der Mündung der March in die Donau finden sich zwei eher isolierte Fundstellen.

Südlich der Donau, in Bruck an der Leitha, wurde vor wenigen Jahren ein kleines frühungarisches Gräberfeld entdeckt, sogar mit einem Kriegergrab, das die westlichste Ausdehnung des ungarischen Siedlungsgebiets, wohl um 1000, markiert. Östlich davon, aus dem ehemaligen Pannonien, kennen wir eine Reihe von Friedhöfen der ungarischen Mittel- und Oberschicht. Ähnlich wie Gnadendorf liegt das »Türkengrab« von Lanzenkirchen isoliert, weit ab vom geschlossenen ungarischen Siedlungsgebiet. Leider ist es nicht genauer datierbar.

Den ungarischen Landesausbau zeigen natürlich auch die ungarischen Wall- und Burganlagen. Die ungarische Forschung ist sich aber weitgehend einig, dass deren Errichtung erst mit dem Umbau des ungarischen Herrschaftssystems zu einem mittelalterlichen Staat westlichen Zuschnitts unter Geza und Stephan beginnt, also allenfalls gegen Ende des 10. Jahrhunderts einsetzt. Bezeichnenderweise gibt es nördlich der Donau keine ungarische Grenzburg, abgesehen von Bratislava/Pressburg/Pozsony, die in der Mitte des 11. Jahrhunderts eine wichtige Rolle spielt. Die Lage des Grabes von Gnadendorf könnte laut Takács mit dem mangelnden Grenzschutz nördlich der Donau zu tun haben.

Zwischen Donau, Thaya und March – die Archäologie eines Niemandslandes

Herrschafts- und Siedlungsgeschichte spielen auf verschiedenen Ebenen und deshalb lassen sich auch die wenigen historischen Eckdaten und die archäologischen Befunde nicht einfach auf einen Nenner bringen, wie Prof. Dr. Karl Brunner (Wien) zeigt. Mit der Schlacht bei Bratislava/Pressburg/Pozsony 907 ist es den Ungarn gelungen, ihren Machtbereich bis an die Enns auszuweiten, vermutlich auch über Mähren, aber das führte in den nunmehr beherrschten Gebieten nicht zu einem Siedlungsprogramm oder dem Aufbau von Verwaltungsstrukturen. Noch war das ungarische »Reich« ein Stammesbund von Reiterkriegern. Erst ihre Niederlagen 933 an der Unstrut und 955 am Lechfeld zwangen sie zum Umbau des Gemeinwesens. Am Ende des nicht unblutigen Transformationsprozesses steht ein christlicher mittelalterlicher Staat nach westlichem Muster, ein bleibender Erfolg, den die Nationalgeschichtsschreibung der Person des Königs Stephan zuschreibt.

Was aber passierte zwischen 907 und 1000 im Donauraum östlich der Enns? Der Übersichtlichkeit halber könnte man die Entwicklung in mehrere Phasen gliedern: 1. Manche karolingische Gründungen dürften auch die Zeit der größten ungarischen Machtentfaltung überlebt haben, wie beispielsweise der Besuch des Freisinger Bischofs Drakulf 926 vermuten lässt, der wahrscheinlich in diplomatischer Mission unterwegs war und in den Greiner Strudel gefallen ist. Auch in der »heißen« Zeit, in der ersten Hälfte des 10. Jahrhunderts, gab es zwischen Bayern und Ungarn durchaus auch freundschaftliche Kontakte. 2. Erst geraume Zeit nach der Schlacht bei Augsburg beginnt die Rückgewinnung der heute niederösterreichischen Landschaften für das Römisch- Deutsche Kaiserreich. 972 wird wieder ein »marchio« Burchard genannt, der aber bald wegen Erfolglosigkeit abgesetzt wird. 3. Erst mit der Gründung einer auch rechtlich weitgehend unabhängigen Mark gelang es, den Ungarn systematisch Teile des rund 200 km breiten Grenzlandes abzuringen. Dennoch – und das wurde erst kürzlich von Dr. Roman Zehetmayer (St. Pölten) herausgearbeitet – umfasste die babenbergische Mark im heutigen Niederösterreich zunächst nur das engere Donautal (Abb. 22). Erst um 1002 reichte eine lockere Herrschaftsorganisation bis an die March. 4. Das nördliche Weinviertel dürfte erst im Laufe des 11. Jahrhunderts in Besitz genommen worden sein, 1082 wird die Thaya als »bereits lange bestehende« Grenze bezeichnet.

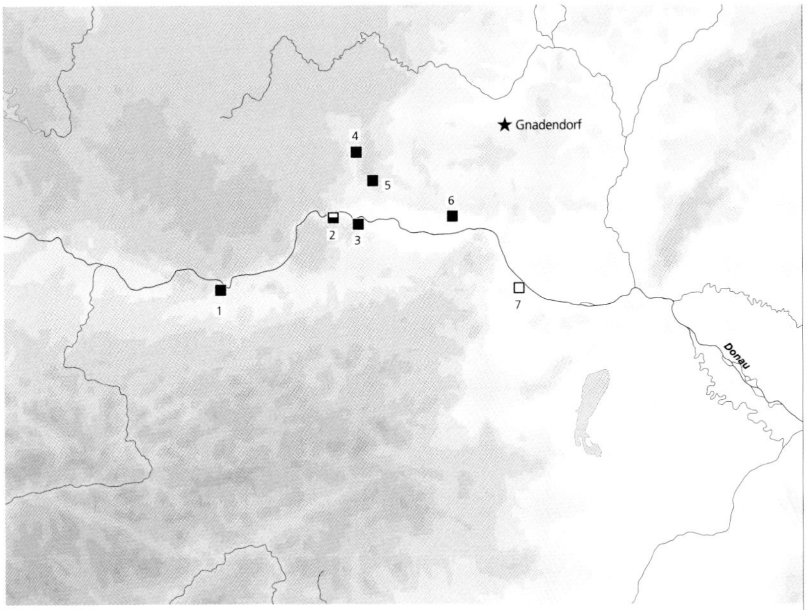

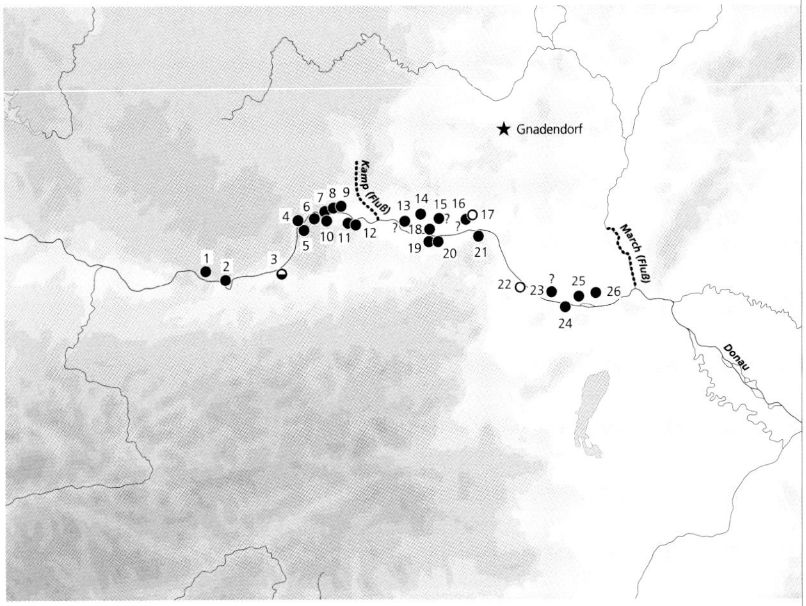

ABB. 22 (OBEN) Nennungen von Orten in Niederösterreich nördlich und an der Donau von ca. 880-907. –
n Urkundlich genannte Orte der Karolingerzeit ab etwa 880 (bis 907).
O Historiographisch genannte Orte der Karolingerzeit ab etwa 880 (bis 907). –
⬓ Urkundlich und historiographisch genannte Orte der Karolingerzeit ab etwa 880 (bis 907).
1 ?Ypps (Eparesburch); 2 Mautern; 3 Hollenburg; 4 Stiefern; 5 ?Kamp; 6 Schmida; 7 Wien (Fluß?).

ABB. 22 (UNTEN) Nennungen von Orten in Niederösterreich nördlich und an der Donau ca. 1030. –
● Urkundlich genannte Orte der Babenbergerzeit bis etwa 1030.
O Historiographisch genannte Orte der Babenbergerzeit bis etwa 1030.
◒ Urkundlich und historiographisch genannte Orte der Babenbergerzeit bis etwa 1030.
? Lokalisierung unsicher. –
1 Nöchling; 2 Persenbeug; 3 Melk; 4 St. Michael/Wösendorf; 5 Arnsdorf; 6 Rossatz; 7 Oberloiben; 8 Unterloiben; 9 Krems; 10 Mautern; 11 Hollenburg; 12 Klebdorf (abgekommen); 13 ?Altenwörth (Sigemaresweret); 14 Absdorf; 15 Trübensee; 16 Lilienhof (abgekommen); 17 Tulln; 18 ?Perzendorf (Otcineseuue); 19 ?Unterzögersdorf (Mochinle); 20 Stockerau; 21 Greifenstein (Hangintenstein); 22 Wien; 23 ?Zuntinesprucca (abgekommen); 24 Sachsengang (Donauinsel); 25 Orth; 26 Pframa. – Entwurf: Roman Zehetmayer.

Der archäologische Befund für das 10. Jahrhundert im heutigen niederösterreichischen Donautal und dem Weinviertel ist erwartungsgemäß heterogen. Prof. Dr. Sabine Felgenhauer-Schmiedt (Wien) kann die offenbar »gelenkte Versorgung« der Region mit Graphittonkeramik entlang der Donau als Hinweis auf weiter bestehende Handelsstrukturen nennen. Auch die Weiterbenützung karolingischer Kirchen kann als gutes Argument gelten. Anders als im heutigen Niederösterreich sind die früheren karolingischen Gründungen in Pannonien mit der ungarischen Einwanderung verschwunden. Auch die Gräberarchäologie kann zu unserer Frage manches beisteuern: Zumindest einige Römerlager sind im 9. Jahrhundert wieder besiedelt worden. Um die dabei gegründeten Kapellen wurden Friedhöfe angelegt, die dann offenbar bis in das 10. Jahrhundert hinein weiterbelegt wurden. Ein Beispiel dafür ist das Lager von Mautern. Allerdings sind die jüngeren Bestattungen mangels datierbarer Schmuckgegenstände nicht mehr genauer datierbar.

Interessanterweise war der heute niederösterreichische Donauraum im 10. Jahrhundert offenbar auch für Einwanderer attraktiv. Ähnlich wie zur späten Awarenzeit (8. Jahrhundert), als sich im Grenzland (kulturell) slawische Zuwanderer niederließen, wurden auch im ungarischen Grenzland des 10. Jahrhunderts neue Siedlungen und Gräberfelder angelegt. Da die Beerdigung der Toten mit Schmuck erfolgte – eine Bestattungssitte, die im Westen bereits um 700 aufgegeben worden ist –, kamen die Neuen wohl aus den benachbarten (kulturell) slawischen Gegenden.

Die Bestattung mit Schmuck kennen wir auch von anderen Fundplätzen, beispielsweise von Bad Deutsch-Altenburg, Langenschönbichl und Thunau. Bezeichnenderweise treten dabei sowohl der »ottonische Reichsschmuck«, z.B. grubenschmelzverzierte halbmondförmige Ohrringe, als auch Ohrringe mit S-Enden und ungarische Bronzeanhänger auf, wieder ein guter Hinweis auf einen funktionierenden überregionalen Handel. Zugleich könnte der Befund bedeuten, dass die lokale Bevölkerung keinen Grund sah, sich entweder gegen den Westen oder die Ungarn sichtbar abzugrenzen, oder dass der ungarische Schmuck nicht als Zeichen der ungarischen Herrschaft verstanden wurde.

Die Schanze von Thunau und die angrenzende Holzwiese waren Gegenstand eines langjährigen Grabungsunternehmens und haben dadurch einen großen Bekanntheitsgrad auch außerhalb der Fachwelt erlangt (Seite 18, Abb. 6). Tatsache ist jedoch, dass hier ein regionalhistorischer Sonderfall vorliegen dürfte, wenngleich auch ein überaus faszinierender. Die ausgedehnte Befestigungsanlage von Thunau wurde vermutlich in der ersten Hälfte des 9. Jahrhunderts begonnen und dann später durch eine etwa ovale Festung mit zwei Zangentoren erweitert. Kulturell hängt sie eng mit dem Mährischen Zentren nördlich der Thaya zusammen, und die Bestattungen im Inneren der Anlage enthalten noch Schmuck und Beigaben, doch ist auch ein starkes westliches Element zu fassen. Die »Schanze von Thunau am Kamp« fand wohl noch vor der Mitte des 10. Jahrhunderts ihr gewaltsames Ende. Verantwortlich dafür waren vermutlich die Ungarn, deren typische Pfeilspitzen in signifikanter Zahl gefunden worden sind (Seite 18, Abb. 6).

Eine ganze Reihe von Fragen haben die Untersuchungen einer zunächst eher unscheinbaren, etwa 7000 m² großen Burganlage in der Nähe von Raabs an der Thaya aufgeworfen. Die Ausgräberin Prof. Dr. Sabine Felgenhauer-Schmiedt hat ihr nach der Flur den Namen »Burg Sand« gegeben (Abb. 24). Sie ist typisch mehrteilig und liegt strategisch günstig in einer engen Thayaschlinge. Der Zugang von Norden ist mit einem breiten Sohlgraben gesichert, dahinter hatte man einen Wall mittels erd- und steingefüllter Holzkästen und vorgelagerten Trockenmauern errichtet (Abb. 25). Letztere standen auf einem Rost aus Tannenstämmen, die für eine historische Sensation sorgten: Die dendrochronologische Untersuchung ergab eine Errichtung der Anlage zwischen 925 und 930! Südlich schließen sich zwei getrennt befestigte Siedlungsterrassen an. Das Innere ist nur teilweise bebaut. Auffällig ist ein rechteckiges Gebäude am höchsten Punkt der Anlage, das offenbar zumindest teilweise aus Steinen errichtet worden war. Innerhalb des Nordwalls stand ein Holzgebäude mit Lehm-Estrich und großer Feuerstelle, das Felgenhauer-Schmiedt für einen Repräsentationsbau hält. Weitere Holzgebäude dürften überwiegend wirtschaftlich genutzt worden sein. Was den täglichen Bedarf betrifft, waren die Bewohner ziemlich autark. Hier wurde Getreide verarbeitet, Tierknochen zeugen von Rinder- und Schweinehaltung; allerdings ist der Anteil an Wildtierknochen ungewöhnlich hoch, er beträgt fast 50 %. Raubtierknochen sind hier mitgezählt, sie hängen mit der Gewinnung von wertvollen Pelzen zusammen. Auch Fischfang ist nachgewiesen.

Auf der Burg Sand wurden Graphittonkeramik und offenbar auch Textilien hergestellt, Eisenschlacken verweisen auf die Herstellung von Roheisen, Schmiedeschlacke auf dessen Verarbeitung. Sogar spezielle Eisenwerkzeuge für die

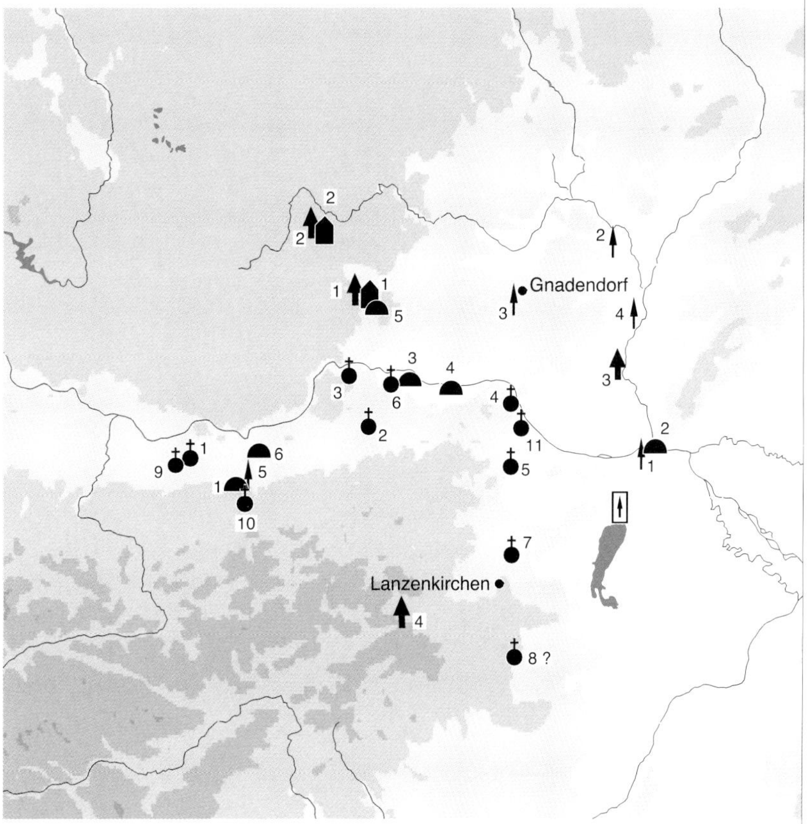

ABB. 23 Niederösterreich im 10. Jahrhundert, archäologische Hinweise:

Kirchen mit archäologisch nachgewiesenen oder wahrscheinlichen karolingerzeitlichen Vorgängerbauten: 1 Eisenreichdornach (BH Amstetten); 2 Markersdorf an der Pielach (BH St. Pölten); 3 Mauern-St. Agapitkapelle: 4 Klosterneuburg-St. Martin; 5 Mödling; 6 Traismauer; 7 Weigelsdorf (BH Baden); 8 Habich (BH Wiener Neustadt-Land); 9 Winklarn; 10 Gaming; 11 Wien-St. Stephan.

Burgen: 1 Gars-Thunau; (9./10. Jh.); 2 Flur Sand, Oberpfaffendorf bei Raabs an der Thaya (10. Jh.).

Einzelnachweise ungarischer Pfeilspitzen: 1 Carnuntum; 2 Bernhardtsthal; 3 Oberleiserberg; 4 Ringelsdorf an der March; 5 Petzeldorf bei Purgstall an der Erlauf.

Fundorte mit mehreren ungarischen Pfeilspitzen: 1 Gars-Thunau; 2 Oberpfaffendorf; 3 Stillfried; 4 Gloggnitz.

Grabfunde mit ungarischen Pfeilspitzen: Bruck an der Leitha.

Kriegergräber: Gnadendorf; Lanzenkirchen.

Gräberfelder des 10./11. Jahrhunderts mit Schmuckbeigaben: 1 Köttlach; 2 Deutsch-Altenburg; 3 Zwentendorf; 4 Langenschönbichl; 5 Gars-Thunau; 6 Wieselburg.

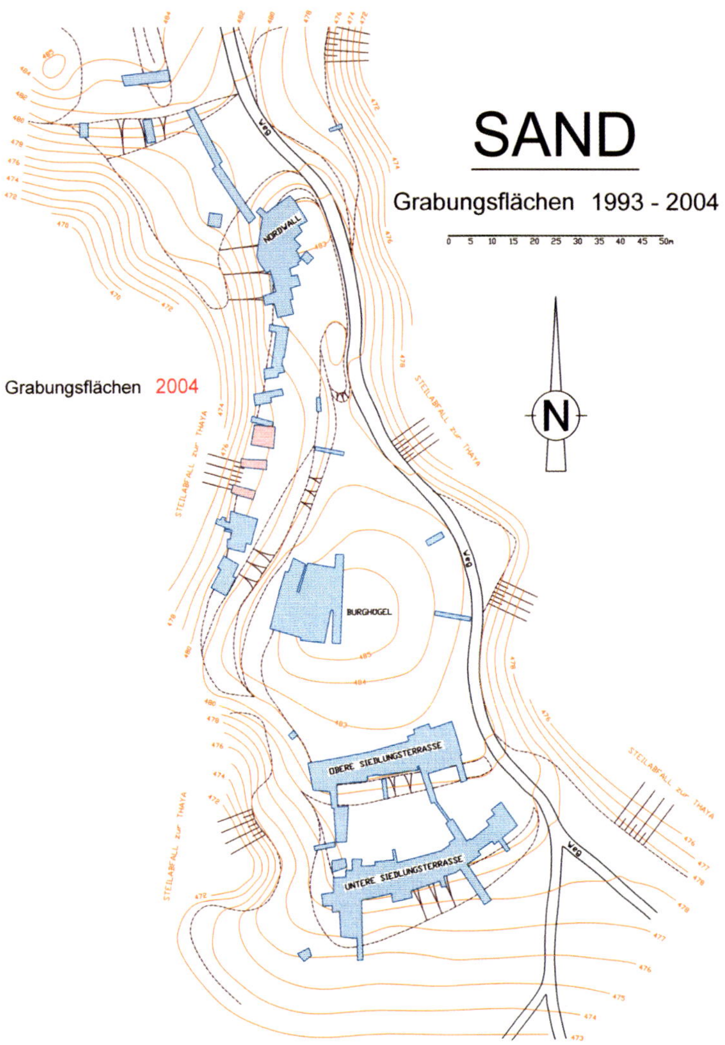

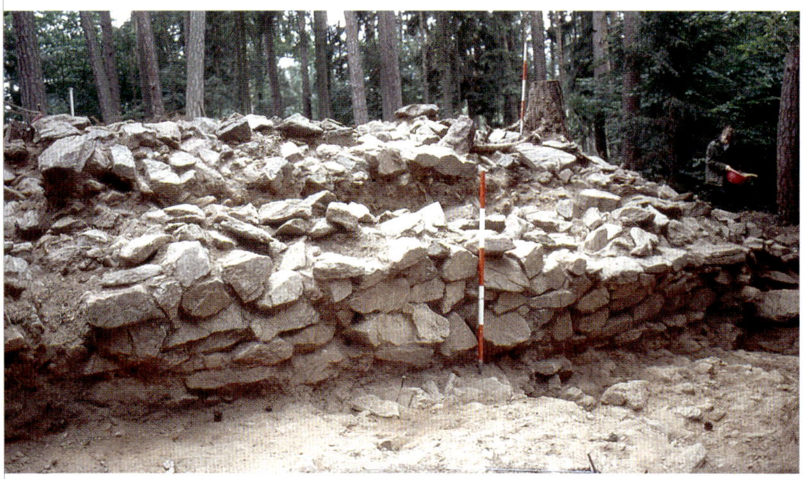

ABB. 24 (OBEN) Burg auf der Flur Sand, K. G. Oberpfaffendorf bei Raabs an der Thaya.

ABB. 25 (UNTEN) Sand, Blick auf den Nordwall von Norden.

Buntmetallverarbeitung wurden gefunden. Aber das bedeutet nicht, dass man mitten in der Wildnis auf sich allein gestellt gewesen wäre. Eisenbarren und ein Bleigewicht beweisen Handelsbeziehungen.

Wer waren die Bewohner? Diese Frage ist nicht mit Sicherheit zu beantworten. Die Bauweise der Befestigung und die gefundene Keramik spricht für einen Zusammenhang mit Mähren und Böhmen, eventuell steht die Burg auch für den Versuch einer Herrschaftsbildung der Ottonen im »Nordwald«. Möglicherweise hängt der Burgenbau allerdings mit dem Aufbau eines Netzes von Befestigungen gegen die Ungarn zusammen, den König Heinrich I. vorantrieb. Lediglich die Ungarn als Burgherren sind praktisch auszuschließen, da aus der ersten Hälfte des 10. Jahrhunderts keinerlei ungarische Burganlagen bekannt sind, und sie vor der Staatsgründung Stephans wohl auch nicht in das kulturelle Selbstverständnis der Ungarn als hochmobile Reiterkrieger gepasst hätten. Dafür dürften sie für den Untergang der Burg Sand verantwortlich sein, wie 22 ungarische Pfeilspitzen und eine Brandschicht vermuten lassen (Seite 18, Abb. 7). Wann genau, lässt sich nicht sagen, vielleicht fand das blutige Ereignis in der zweiten Hälfte des 10. Jahrhunderts statt. Die vielen gefundenen Wildtierknochen könnten zunächst bedeuten, dass es zur Zeit der Burg Sand noch kein größeres erschlossenes Umland gab, von dem man das benötigte Fleisch in ausreichender Menge (als Abgaben) erhalten konnte. Allerdings zeigt der hohe Anteil der Knochen von erwachsenen Ochsen, dass es sehr wohl eine Belieferung der Burginsassen von außen gegeben hat. Sicher diente die Jagd zur körperlichen Ertüchtigung und zum Kampftraining, und dass man es offenbar besonders auf starke, prächtige, nicht so leicht zu erlegende Tiere abgesehen hatte, belegt den Aspekt der herrschaftlichen Jagd – ein kleines Nebeneinkommen mag nicht unwillkommen gewesen sein. Die Felle von erlegten Pelztieren – ebenfalls in den Knochenresten belegt – konnte man verhandeln oder eintauschen.

Bestattungen, die bevölkerungsgeschichtlich den Ungarn zugerechnet werden können, gibt es nur wenige. 1928 wurde in Lanzenkirchen, südlich von Wiener Neustadt, ein Kriegergrab entdeckt, das aber erst durch Mag. Thomas Kühtreiber (Krems a.d. Donau) anhand einer einfachen Grabskizze als frühmittelalterlich identifiziert wurde. In einer unregelmäßig ovalen Grabgrube war ein Mann mit Köcher und Pfeilen bestattet worden und neben ihm lagen, wie in Gnadendorf, Schädel und Füße eine Pferdes sowie Trense und zwei Steigbügel (S. 56, Abb. 19). Die Trense und einer der Steigbügel sind die einzigen erhaltenen Funde, doch gestattet der typische Steigbügel immerhin eine Datierung des Grabes in die frühungarische Zeit, in das 10., allenfalls frühe 11. Jahrhundert.

In Bruck an der Leitha wurde im Jahr 2000 ein kleiner Friedhof mit 24 Gräbern freigelegt, darunter das eines Kriegers mit Bogen und Köcher samt 4 Pfeilen. Kulturell lassen sich nicht nur der

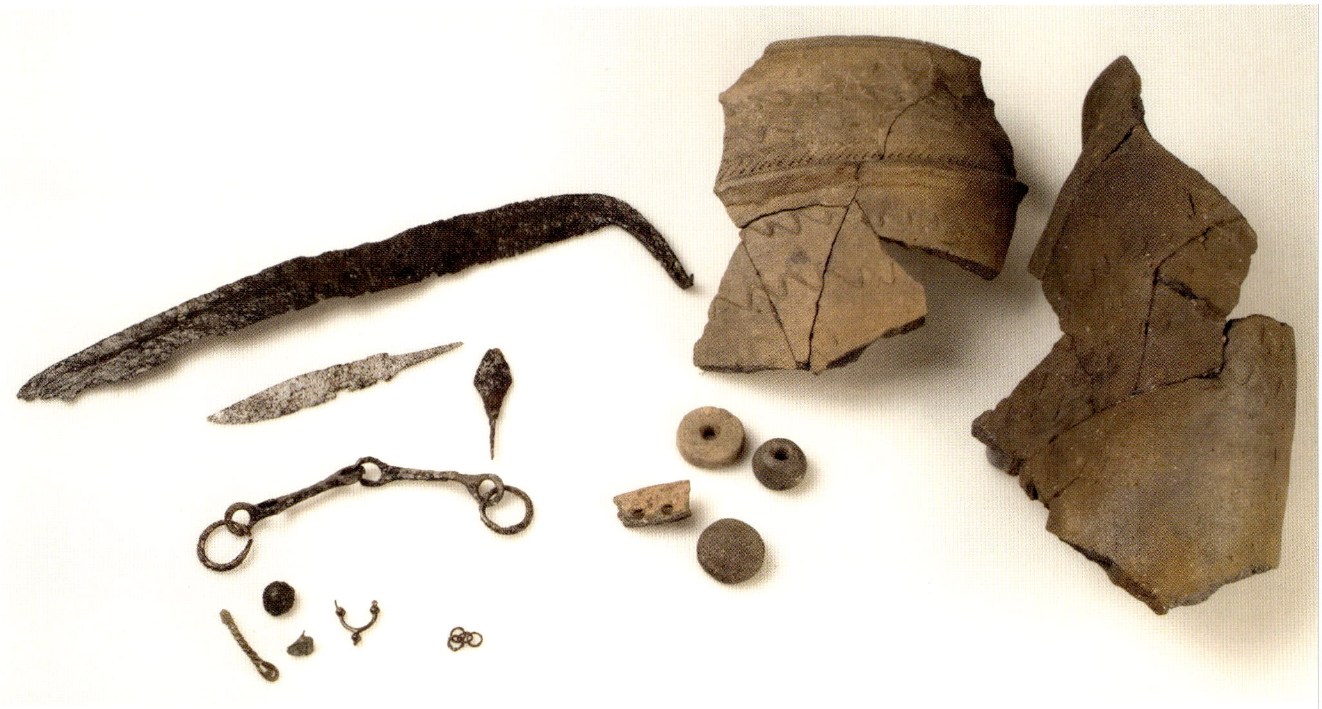

ABB. 26 Funde aus Sand.

Inhalt dieses Grabes, sondern auch die Schmuckstücke und das Kleidungszubehör aus den anderen Bestattungen als ungarisch einordnen.

Dieser eher dürftige Befund wird durch das Kriegergrab von Gnadendorf in erfreulicher Weise ergänzt. Obwohl überraschend, passt es gut in das bisherige archäologische und historische Bild und verleiht ihm noch zusätzlich Farbe und Schärfe.

Fazit

Die Entdeckung des frühungarischen Grabes von Gnadendorf hat in der Fachwelt einige Aufregung verursacht. Ein gut ausgestattetes »Reitergrab« der »Ungarischen Landnahmezeit« (wie die Periode bis zur Herrschaft König Stephans, also das späte 9. und 10. Jahrhundert, von der ungarischen Archäologie meist genannt wird) war aus Niederösterreich bislang unbekannt und auch nicht erwartet worden. Immerhin liegen Gräber meist unmittelbar in der Nähe der entsprechenden Siedlungen, und das heutige Niederösterreich betrachtete man allenfalls als Gebiet, das von den Ungarn über längere Perioden beherrscht wurde, oder als ihr Aufmarschgebiet. Das zusammenhängende ungarische Siedlungsgebiet des 10. Jahrhunderts lag östlich der heutigen österreichischen Staatsgrenze in der Kleinen Tiefebene nördlich und südlich der Donau (heute Südwestslowakei und Ungarn).

Die Funde aus dem Grab von Gnadendorf sind teilweise von außergewöhnlich hoher Qualität; dazu kommt die große historische Bedeutung des Fundes: Das Grab macht es notwendig, über die machtpolitischen und kulturellen Verhältnisse im Grenzbereich zwischen Ungarn, Bayern, Böhmen und Polen im 10. Jahrhundert nachzudenken. Viele bereits bekannte Funde und Quellenstellen sind eventuell neu zu deuten. Daher war es notwendig, die Funde von Gnadendorf besonders genau zu studieren. Eine Reihe von Wissenschaftlerinnen und Wissenschaftlern aus Geschichte, Archäologie und benachbarten Disziplinen konnten für die Mitarbeit gewonnen werden, und es gelang tatsächlich, trotz der ungünstigen Erhaltungsbedingungen im Boden vor dem Gnadendorfer Schulgebäude viele kleine Informationen über den begrabenen Knaben und die Gegenstände, die man bei ihm gefunden hat, zusammenzutragen. Sie alle geben ein zwar lückenhaftes, dann aber wieder sehr detailreiches Bild von der Kultur, der unser junger Krieger entstammte.

Zwar reiht sich der Fund gut in das bisher bekannte archäologische Spektrum ein, doch können und müssen wir jetzt etwas weiter differenzieren. Die gängige Vorstellung vom niederösterreichischen Raum im 10. Jahrhundert war bislang stark von der »Schanze« bei Thunau am Kamp geprägt, die aber für das nördliche Niederösterreich bislang ein großartiger Einzelfall geblieben ist. Zuletzt hat die Erforschung der Burg von Sand bei Raabs ein herrschafts- und siedlungsgeschichtliches Gegenmodell für die Schanze von Thunau geliefert. Freilich erfolgte die Errichtung der Burg Sand erst im zweiten Viertel des 10. Jahrhunderts, über ein Jahrhundert später, als die Schanze von Thunau. Beide sind noch im 10. Jahrhundert zugrunde gegangen. Zu diesen beiden Höhepunkten der niederösterreichischen Archäologie kommen viele ältere Funde, die bevölkerungsgeschichtlich nicht eindeutig zu interpretieren waren.

Die Entdeckung des Grabes von Gnadendorf hat eine alte Diskussion um die Datierung der frühungarischen Funde wieder aufflammen lassen. Zunächst stellen sich einige methodische Fragen: Wie ist das Material zu periodisieren, welche Typen sind älter, welche jünger? Inwieweit sind dabei die mitgegebenen, meist aufgenähten Münzen eine Hilfe? Wie wollen wir mit den ^{14}C-Datierungen an den Menschen- und Pferdeknochen von Gnadendorf umgehen? Dann kommen Probleme der historischen Interpretation, vor allem, wenn wir versuchen, für eine Spätdatierung der Grablegung um 1000 ein plausibles Szenario zu entwickeln. Für die österreichische Landeskunde drängen sich Fragen zur Herrschaft der frühen Babenberger auf, die als Ahnherren Österreichs angesehen werden. Von der Beherrschung eines Territoriums durch die bayerischen Markgrafen, das vom Donautal deutlich ausgreift und respektierte Grenzen aufwies, kann für das 10. Jahrhundert wohl keine Rede sein. Das heutige Niederösterreich im 10. Jahrhundert zeigt hingegen Aspekte eines »Mittlerlandes« (nach Richard White), einer Gegend, die noch keinem Machtbereich eindeutig zugefallen ist und ein dementsprechend siedlungsarchäologisch unscharfes Bild zeigt. Wir sehen Versuche von Herrschaftsbildungen, vor allem aber auch die Siedlungskontinuität von Bevölkerungsgruppen, die im Spannungsfeld mehrerer Kulturen lebten und von den sich daraus ergebenden Beziehungen sicher auch profitierten.

Angesichts der (noch) nicht eindeutigen Datierung des Grabes von Gnadendorf sind zwei historische Varianten zu beschreiben:

1. Das Grab wurde in der ersten Hälfte des 10. Jahrhunderts angelegt. In diesem Fall könnte der junge Krieger während eines Raubzugs, auf dem Hin- oder Rückweg, umgekommen sein. Dr. Mechthild Schulze-Dörrlamm spricht sich in ihrem Beitrag entschieden für eine frühe Datierung der Bestattung aus und hat dafür auch sehr gute Argumente. Aber es erheben sich dann doch einige Fragen: Die mitgegebenen Gegenstände gehörten nicht dem toten Knaben – dazu waren sie zu sehr abgenützt und teilweise repariert. Warum wurde er einen Tagesritt vom ungarischen Siedlungsgebiet begraben? Und warum hat man durch die Ausstattung des Toten mit den ungewöhnlich wertvollen Gegenständen der Bestattung so eine große Bedeutung verliehen?
2. Das Grab wurde tatsächlich erst am Ende des 10. Jahrhunderts angelegt, wie die ^{14}C-Analyse mit hoher Wahrscheinlichkeit ergab. Dann passt die Ausstattung nicht in das übliche Bild. Die ungarischen Herrscher Geza und sein Sohn, der spätere Hl. Stephan, waren gerade mit ihren Gefolgsleuten dabei, den ungarischen Stämmebund zu einem zentral gelenkten »Staat« nach westlichem Muster umzubauen. Ungarn wurde christlich und die Kirche zu einer Stütze der Herrschaft. Da war für einen Grabritus, wie ihn das Grab von Gnadendorf zeigt, kein Platz mehr. Oder doch? Vielleicht bei der heftigen Opposition, die es in Ungarn gegen diese Verwestlichung und die Abkehr von den ungarischen Traditionen gab? In diesem Fall machen einige Besonderheiten des Grabes von Gnadendorf plötzlich Sinn: die Lage abseits vom ungarischen Siedlungsgebiet, im machtpolitischen »Niemandsland« zwischen den etablierten Herrschaften, auch die Aufwertung des Begräbnisses durch wertvolle Altstücke. Ein Forschungsansatz der letzten Jahre könnte Erklärungsmodelle liefern – eine Betrachtungsweise, die bei den Bestattungen weniger den (natürlich immer vorhandenen) religiösen Aspekt und auch nicht das persönlich-psychologische Moment in den Vordergrund stellt, sondern die gesellschaftliche Funktion einer Bestattung als Fest mit Akteuren, Requisiten und einem Zuschauerkreis, ähnlich einem Theaterstück. Der junge Ungar war sicher ein geübter Krieger, und es spricht manches dafür, dass er im Kampf gefallen ist. Aber es ist letztlich die aufwändige Bestattung, mit der man ihn offenbar zum Helden stilisiert hat. Helden dienen der Erinnerung, und die Erinnerung an Helden ist nicht privates Gedenken, sie hat stets eine politische Dimension.

Für welche Datierung man sich jetzt entscheidet, welche Datierung sich später bei neuen Forschungen als richtig herausstellen könnte – in jedem Fall ist der Titel unserer Ausstellung »Heldengrab im Niemandsland« gerechtfertigt, denn der Fundort Gnadendorf gehörte im 10. Jahrhundert nicht zu einem geschlossenen Siedlungs- und Herrschaftsgebiet, sondern lag zwischen den großen Machtblöcken. Unsere Ausstellung ging aus einem Forschungsprojekt um das aufregende Grab eines jugendlichen Kriegers von Gnadendorf im heutigen Niederösterreich hervor. Wie viele Details über den Knaben und seine Grabausstattung konnten in Erfahrung gebracht werden! Die Ausstellung zeigt einen Ausschnitt aus der schönen und fremdartigen frühungarischen Kultur und ihre dramatische Begegnung mit dem übrigen Europa, bevor Ungarn zu einem christlichen mittelalterlichen Staat wurde. Weitere Forschungen werden uns zusätzliche Einblicke in das Leben unser aller Vorfahren geben, und wir werden immer besser verstehen lernen, wie unsere heutige Welt entstanden ist.

Der »gezeichnete« Held

D. Pany · M. Teschler-Nicola

Die anthropologische Untersuchung des Jugendlichen von Gnadendorf brachte ein überraschendes Ergebnis. Der im Alter von 14–18 Jahren verstorbene Junge litt an dem sog. Klippel-Feil-Syndrom (Typ II), einer angeborenen Missbildung. Das Skelett zeigt die typischen Verwachsungen an Hals- und Brustwirbeln, eine Deformation der Schädelbasis, eine Spaltbildung am Kreuzbein sowie eine Verengung der äußeren Gehörgänge, die vermutlich zu Schwerhörigkeit geführt hat.

Die Gesamtheit der am Skelett des Gnadendorfer Jugendlichen vorliegenden Anomalien weist auf das eindeutige Vorliegen einer angeborenen, genetisch bedingten Erkrankung hin. Bislang ist kein ähnlicher Fall aus historischer Zeit dokumentiert. Es handelt sich um Typ II des Klippel-Feil-Syndroms, das heutzutage in der Klinik oft erst diagnostiziert wird, wenn bei den Betroffenen muskuläre oder neurologische Probleme (meistens im Zusammenhang mit Osteoarthritis, Anomalien in der Nackenregion oder Traumata) auftreten. Erkennbar ist meist ein kurzer Hals (durch Verwachsungen der Wirbelsäule und Deformationen an der Schädelbasis). Im Fall des Gnadendorfer Jungen kommt eine leicht schiefe Kopfhaltung dazu, welche durch die asymmetrischen Kopf-Hals-Gelenke bedingt ist. Auch die Asymmetrie der langen Extremitäten könnte sichtbar gewesen sein. Möglicherweise war dem Gnadendorfer Jugendlichen sein »Leiden« kaum anzusehen und auch nicht bewusst. Es kann aber nicht ausgeschlossen werden, dass die beobachteten körperlichen Behinderungen mit den aus klinischen Klippel-Feil-Syndrom-Fällen bekannten motorischen, sensorischen und eventuell auch kognitiven Beeinträchtigungen einhergingen. Allerdings dürfte der Jugendliche von Gnadendorf insgesamt durch seine Behinderungen nur minimal beeinträchtigt gewesen sein. Dies lässt sich sowohl aus den Grabbeigaben ableiten (Säbel und Pferd) als auch aus den gut ausgebildeten Muskelansätzen, die auf eine normale Beweglichkeit und Belastung schließen lassen.

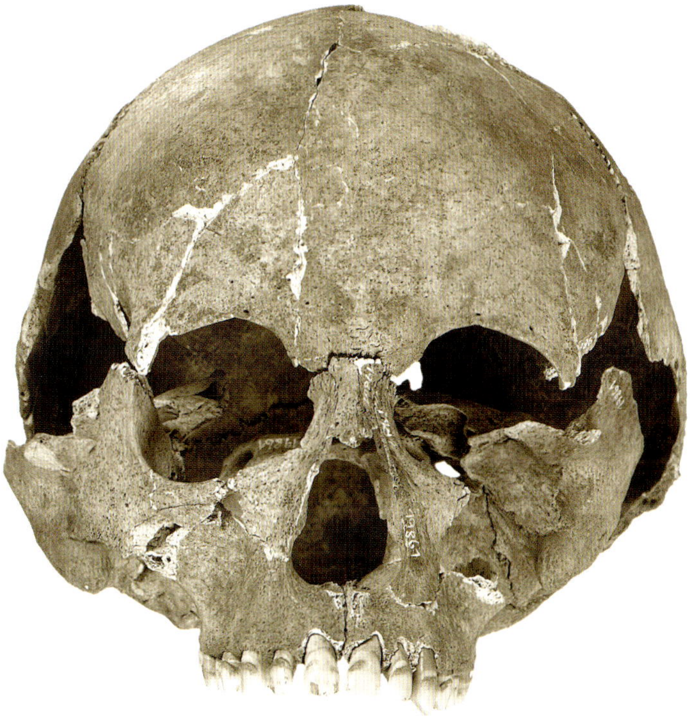

ABB. 1 Schädel des Jugendlichen von Gnadendorf ohne Unterkiefer, Ansicht von vorn. – M. ca. 2:3.

Kurz vor seinem Tod scheint der Jugendliche am rechten Ellbogen durch einen scharfkantigen, hohlen Gegenstand mit einem Durchmesser von ca. 2 cm verletzt worden zu sein. Diese Verletzung konnte zwar nicht mehr verheilen, war aber wohl nicht tödlich. Auch das gut verheilte Trauma im linken Stirn- und Scheitelbeinbereich hat nicht direkt zum Tode geführt, sondern muss drei bis sechs Monate vorher erfolgt sein. Vermutlich wurde es durch Abschaben medizinisch behandelt.

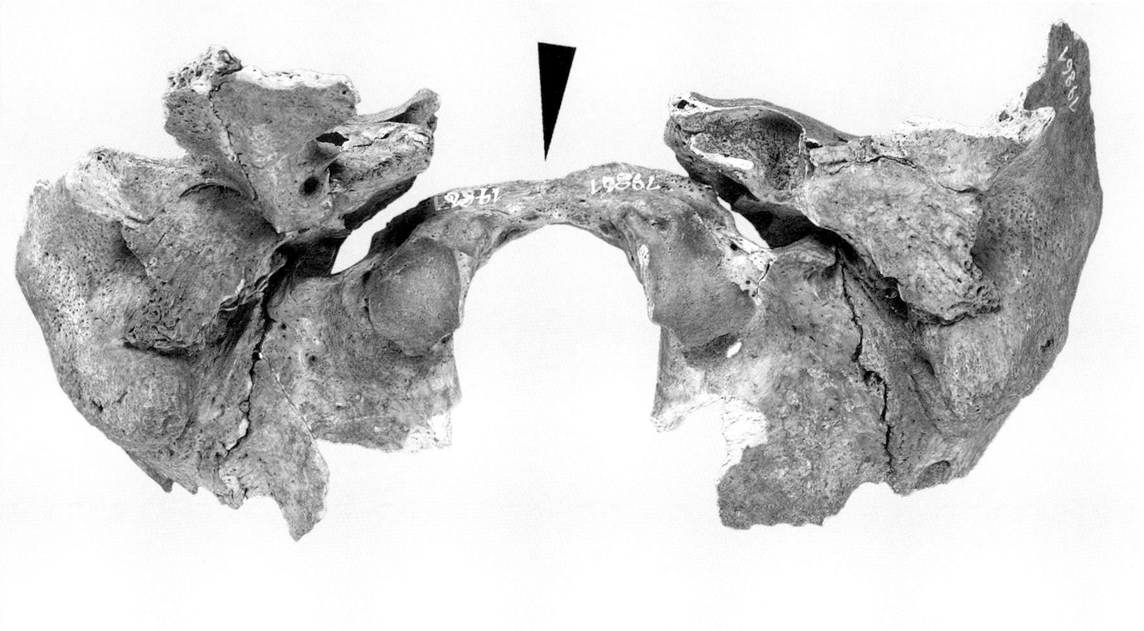

ABB. 2 Deformierte Schädelbasis durch eine angeborene Unterentwicklung. – M. ca. 1:1.

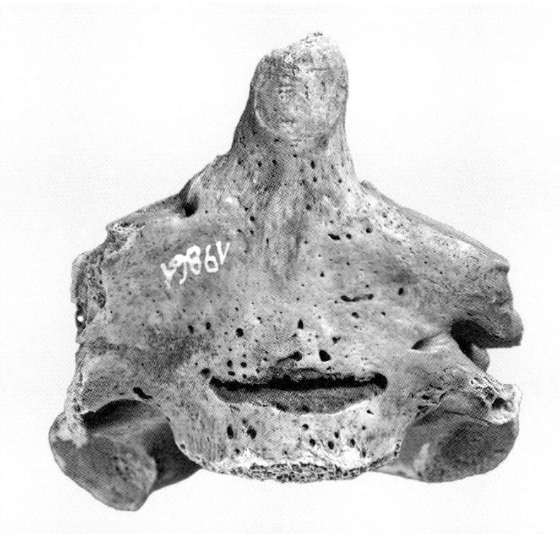

1

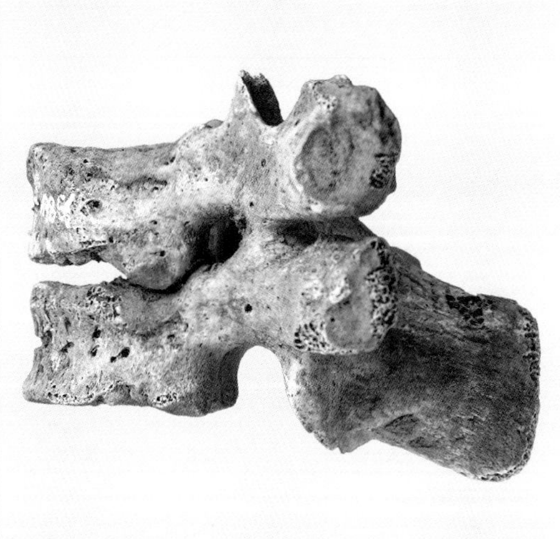

2

ABB. 3 Angeborene Verwachsung des 2. und 3. Hals- und Brustwirbels, charakteristische Symptome des Klippel-Feil-Syndroms. – 1 Halswirbel C2/C3, Ansicht von vorn. – 2 Brustwirbel Th2/Th3, Ansicht von links. – M. ca. 1:1.

Der Tod des jungen Kriegers war wohl eine Spätfolge des Schädeltraumas in Kombination mit den angeborenen Fehlbildungen. Solche Schädeldachverletzungen können in manchen Fällen zu einer Stauchung bzw. Überdehnung der Nackenregion führen. Besonders beim Vorliegen einer knorpeligen Schädelbasis wie beim Gnadendorfer Jugendlichen wäre dies vorstellbar, da nur ein geringer Kraftaufwand notwendig wäre, um eine solche Stauchung zu erzielen. Die bei ihm festgestellte Instabilität der Schädelbasis könnte nach einem Trauma entsprechende neurologische Symptome ausgelöst oder verstärkt haben und somit indirekt – als Spätfolge – den Tod verursacht haben.

Spuren der Ungarneinfälle des 10. Jahrhunderts

Mechthild Schulze-Dörrlamm

Keine Periode in der 1100-jährigen Geschichte deutsch – ungarischer Beziehungen hat sich dem Gedächtnis der Deutschen so stark eingeprägt wie die Zeit der Ungarneinfälle in der ersten Hälfte des 10. Jahrhunderts. Über 50 Jahre lang haben ungarische Reiterscharen mit ihren Raubzügen immer wieder große Teile des heutigen Deutschlands (damals Ostfränkisches Reich, erst ab 925 Reich der Deutschen), Italiens, aber auch Frankreichs heimgesucht. Sie hinterließen Not, Elend und Zerstörungen, von denen sogar heute noch einige Spuren zu finden sind. Die Annalen jener Zeit und viele Berichte der Zeitgenossen – wie z. B. des Regino von Prüm und des Widukind von Corvey – vermitteln ein anschauliches, manchmal auch sehr drastisches Bild der damaligen Ereignisse, die hier nur in groben Umrissen skizziert werden können.

Zu den ersten Zusammenstößen mit ungarischen Streifscharen ist es bereits 862, dann wieder 881 und 888/89 an den Südostgrenzen des Ostfränkischen Reiches gekommen, also zu einer Zeit, als die Wohnsitze der Ungarn noch im Zwischenstromland »Etelköz« östlich des Karpatenbogens lagen. Eine kleine Vorhut scheint sich aber – wie es archäologische Funde andeuten – schon damals am Oberlauf der Theiß niedergelassen zu haben.

Mit ihren systematischen Raubzügen durch Europa begannen die Ungarn wenige Jahre nachdem sie 895/896 unter Führung ihres Fürsten Árpád in den nördlichen Teil des Karpatenbeckens eingewandert waren. Ihre Aktionen lassen sich in drei Hauptphasen gliedern. Erste Opfer der Überfälle wurden ab 899 die reichen Städte und Klöster Oberitaliens (Abb. 1), bis König Berengar I. den Abzug der ungarischen Streifscharen durch immense Tributzahlungen erkaufen konnte. Auf dem Rückweg von Italien verwüsteten die Ungarn im Jahre 900 das ganze, westlich der Donau gelegene Pannonien. Als Verbündete Arnulfs von Kärnten kämpften sie mit großem Erfolg gegen das »Großmährische Reich«, dessen Untergang nicht aufs Jahr genau bezeugt ist und deshalb teils schon 902 teils erst 906 / 907 angesetzt wird.

Einen folgenschweren Sieg konnten die Ungarn im Jahre 907 über das bayerische Heeresaufgebot bei Pressburg/Bratislava erringen. Er führte dazu, dass die Ostgrenze des Ostfränkischen Reiches an die Enns zurückgenommen werden musste und das Reichsgebiet fortan fast alljährlich von Überfällen ungarischer Streifscharen heimgesucht wurde (Abb. 2). In dieser zweiten Phase der Raubzüge waren Bayern, Schwaben, Franken, Thüringen und Sachsen am schwersten betroffen. Gelegentlich drangen Ungarn sogar bis an die Südgrenze Dänemarks, in das Elsass, nach Lothringen, in den Norden Burgunds und schließlich – mit einem Umweg über Norditalien – bis in den äußersten Süden Frankreichs vor. Erst nach der Gefangennahme eines ranghohen Anführers der Ungarn gelang es dem deutschen König Heinrich I. im Jahre 926 einen neunjährigen Waffenstillstand auszuhandeln, der ihn jedoch zu hohen Tributen verpflichtete.

Bereits nach sieben Jahren stellte Heinrich I. seine alljährlichen Zahlungen an die Ungarn vorzeitig ein, weil er inzwischen sein Heer reorganisiert und das gesamte Verteidigungssystem verbessert hatte. Daraufhin begann im Jahre 933 die dritte und letzte Phase der Ungarneinfälle, die zunächst auf Sachsen zielten, wo sie aber erfolgreich abgewehrt wurden (Abb. 3). Deshalb dehnten die Ungarn ihre Raubzüge ab 935/937 weiter nach Westen und Süden aus. Ihre Streifscharen drangen nach Belgien, Nordfrankreich, Lothringen, Burgund, Aquitanien und auch wieder nach Italien ein, das sie bis zur Südspitze unsicher

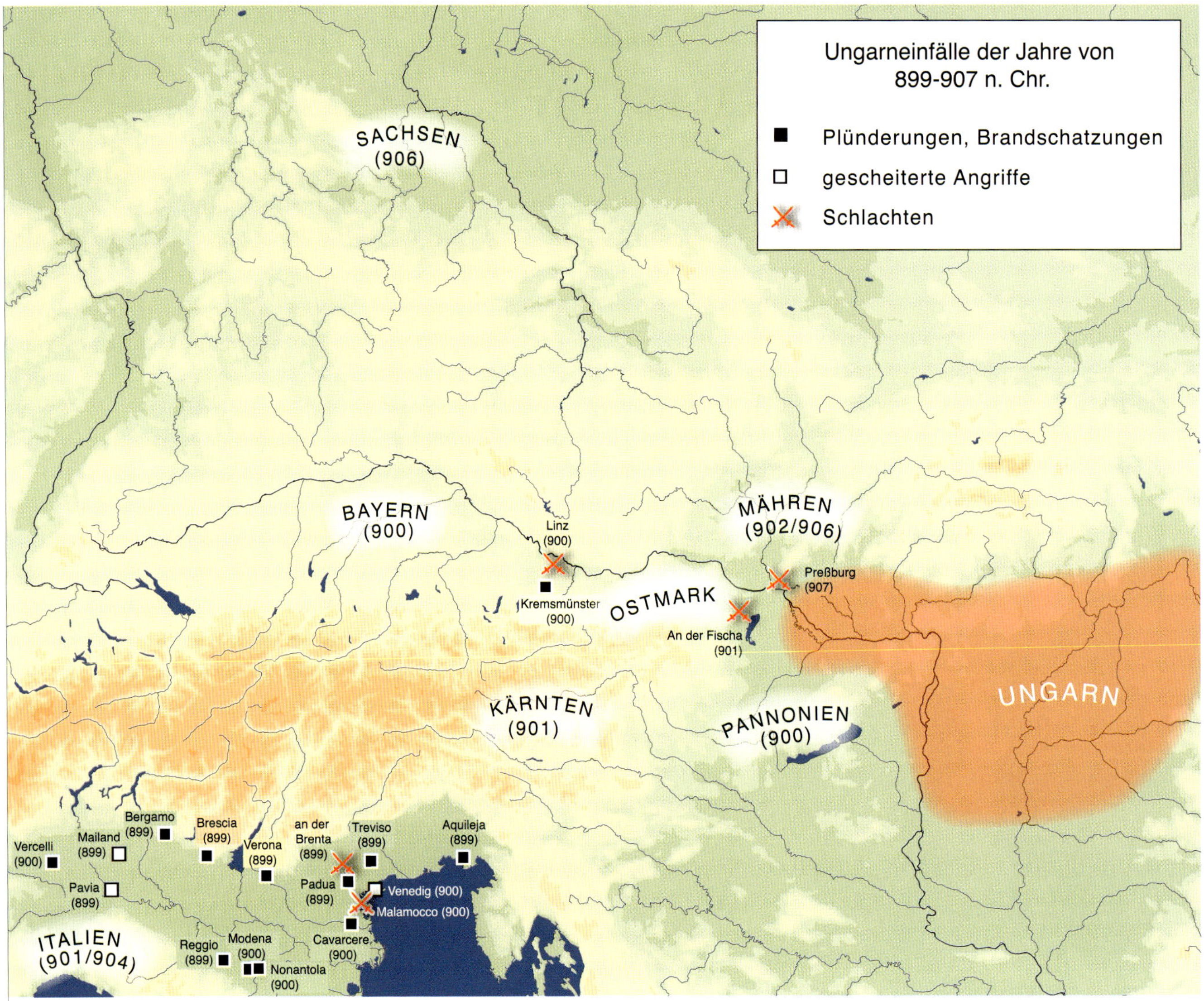

ABB. 1 Schriftlich überlieferte Ungarneinfälle in den Jahren von 899 bis 907 (Phase I).

machten. Ein erneuter ungarischer Überfall auf Bayern und die Belagerung Augsburgs veranlassten König Otto I. schließlich, ein großes Heeresaufgebot zusammenzustellen. Es gelang ihm mit seinen Rittern am 10. August des Jahres 955 die Ungarn in der Schlacht auf dem Lechfeld südlich von Augsburg vernichtend zu schlagen und ihren Raubzügen durch Mittel-, West- und Südeuropa für immer ein Ende zu setzen.

Unser Wissen über die Ungarneinfälle der ersten Hälfte des 10. Jahrhunderts, das auf den Angaben in den erhaltenen Schriftquellen beruht, ist zwar umfangreich und zum Teil auch recht detailliert, aber bei weitem nicht vollständig. Denn die Namen der allermeisten Dörfer und Burgen, aber auch mancher Klöster, die damals von ungarischen Streifscharen geplündert oder ganz verwüstet wurden, sind unbekannt. Gerade solche Lücken der Überlieferung können inzwischen durch archäologische Funde geschlossen werden, denen man lange Zeit überhaupt keine Beachtung geschenkt hatte, obwohl es historische Quellen sind, deren Zahl ständig steigt.

Verteidigungsmassnahmen

In den Schriftquellen finden sich zahlreiche Hinweise darauf, dass zum Schutz vor den ungarischen Angriffen Burgen errichtet worden sind. So hatte z. B. Bischof Erchanbald von Eichstätt schon im Jahre 908 von König Ludwig IV. das Privileg erhalten, seinen Bischofssitz und die Stadt befestigen zu dürfen. Als Maßnahme zur allgemeinen Landesverteidigung erließ König Heinrich I. zu Beginn des Waffenstillstands mit den Ungarn (926) eine Burgenbauordnung, wonach die schon vorhandenen Burgen ständig bemannt, im Innern ausgebaut und verproviantiert, aber auch ganz neue Befestigungen an den Versammlungsplätzen des Volkes erbaut werden sollten. Manchmal ist es möglich, die in den Schriftquellen zwar erwähnten, aber nicht lokalisierten Burgen zu identifizieren wie z. B. die Fluchtburg des Klosters Sankt Gallen. Diese 926 von den Mönchen vorsorglich in aller Eile errichtete, aber von den Ungarn glücklicherweise dann doch nicht angegriffene Anlage war eine einfache Abschnittsbefestigung in einer Flussschlinge der Sitter, die sog. Waldburg bei Häggenschwil (Abb. 4).

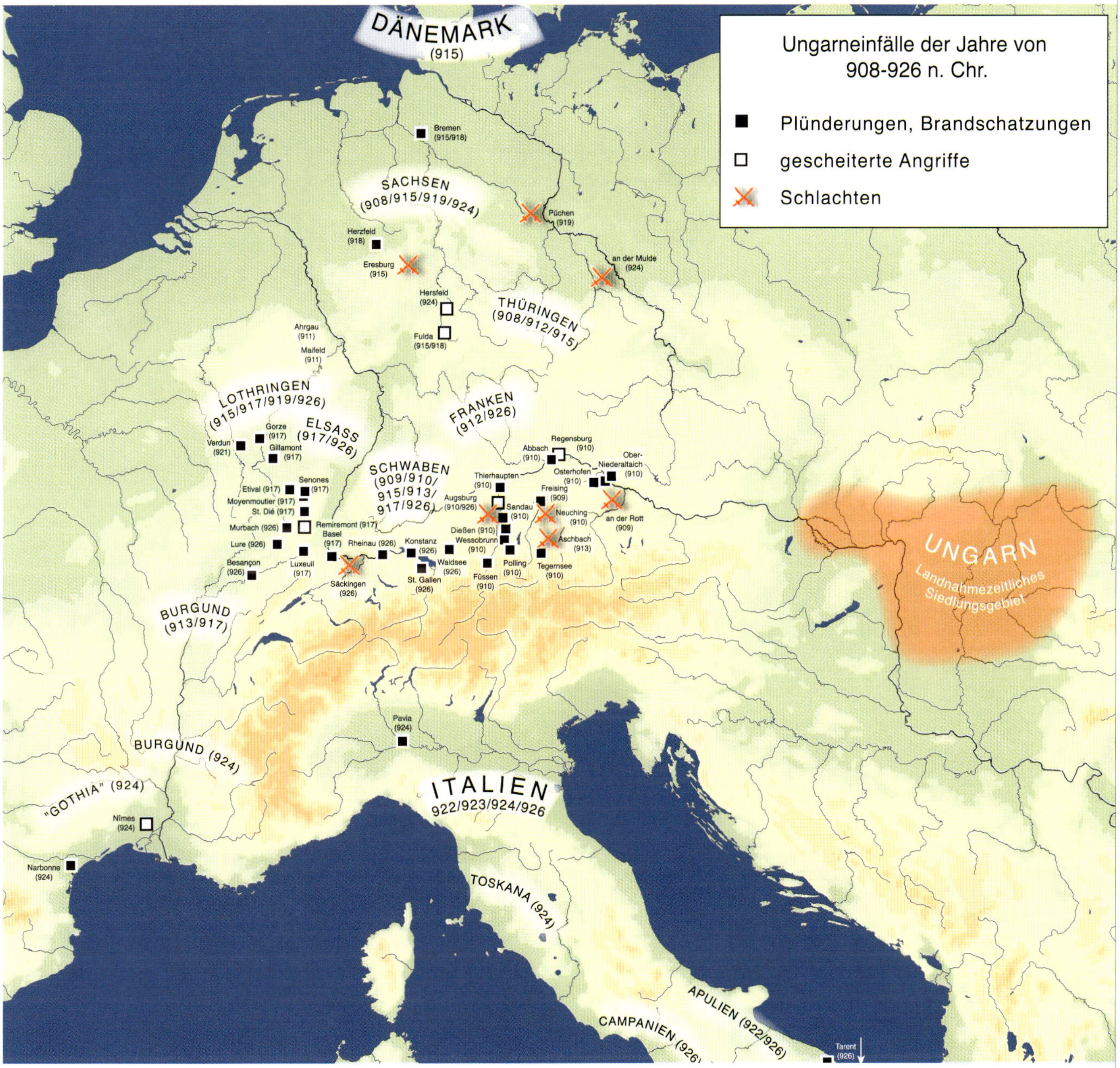

ABB. 2 Schriftlich überlieferte Ungarneinfälle in den Jahren von 908 bis 926 (Phase II).

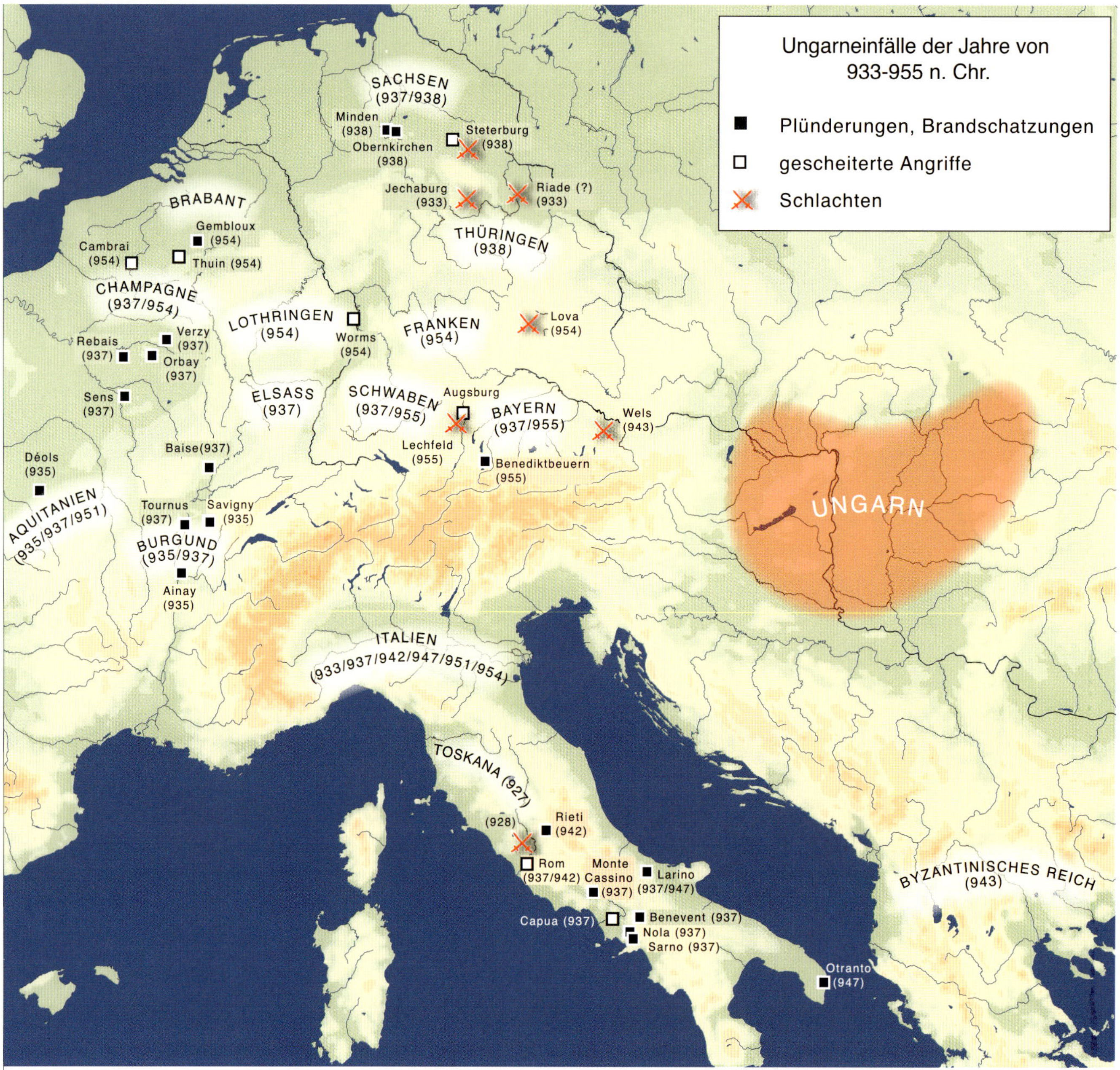

ABB. 3 Schriftlich überlieferte Ungarneinfälle in den Jahren von 933 bis 955 (Phase III).

Über die genaue Lage, Größe und Beschaffenheit der Befestigungen aus der ersten Hälfte des 10. Jahrhunderts haben die Geschichtsschreiber damaliger Zeit nichts berichtet. Darüber können nur genaue Vermessungen und moderne Ausgrabungen der zahlreichen Wallanlagen Aufschluss geben, die heute noch im Gelände erhalten sind. Fest steht inzwischen, dass die Ungarnrefugien keinen einheitlichen Grundriss besaßen, also keine »Sächsischen Rundwälle« waren, wie man früher vermutet hat. Häufig sind nur ältere Anlagen unterschiedlichsten Typs erneuert oder ausgebaut worden. Sogar längst verfallene Bergbefestigungen aus spätrömischer Zeit wurden von der Bevölkerung notdürftig instand gesetzt und als Fluchtburgen wieder benutzt. In Bayern, Schwaben und der Nordschweiz, die von den Überfällen besonders stark betroffen waren, begnügte man sich häufig mit der Aufschüttung von sehr hohen und breiten Erdwällen, mit denen sowohl große Bergplateaus wie der »Röckiger Berg« im Nördlinger Ries (Abb. 5) als auch kleinere Bergsporne wie die sog. Römerschanze von Grünwald (Abb. 6) vollständig abgeriegelt werden konnten. Speziell zum Schutz vor den Reiterattacken wurden einige Burgen mit mehrfach gestaffelten Wall – Grabensystemen sowie mit vorgelagerten Erdriegeln oder Grubenfeldern (Abb. 7) ausgestattet, die man zusätzlich mit Spitzpfählen und Dornenverhauen bestückt hat.

Durch Ausgrabungen wurden inzwischen auch solche Verteidigungsanlagen der ersten Hälfte des 10. Jahrhunderts entdeckt, von denen heute im Gelände gar nichts mehr zu sehen ist, wie jene Burg, die den Donau-Übergang in Ulm sichern sollte oder die Stadtbefestigung von Eichstätt, die Bischof Erchanbald nach 908 eigens zur Ungarnabwehr erbaut hatte (Abb. 8) und die doppelte Wall-Grabenanlage, mit der Herzog Arnulf um 920 die Stadt Regensburg zusätzlich schützen

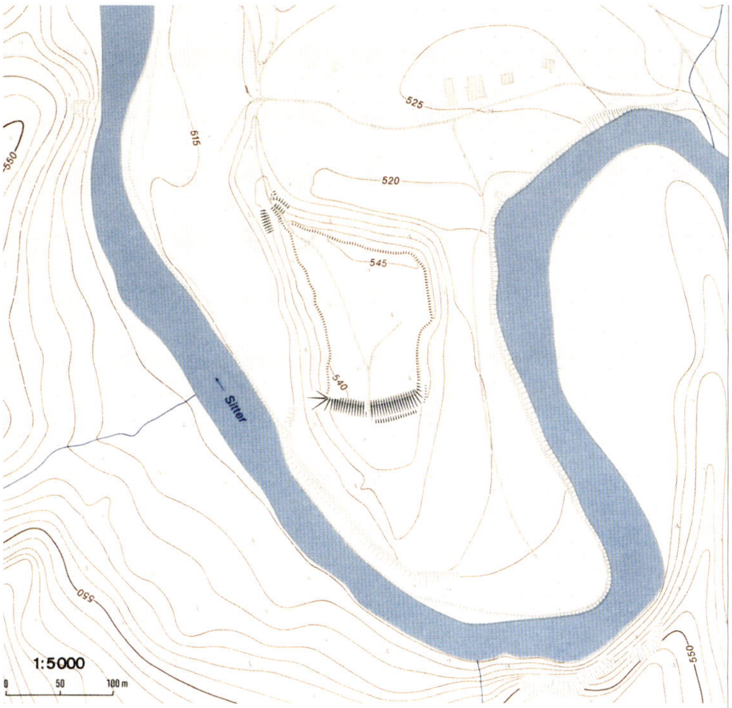

ABB. 4 Plan der »Waldburg« bei Häggenschwil, die im Jahre 926 erbaute Fluchtburg des Benediktinerklosters St. Gallen.

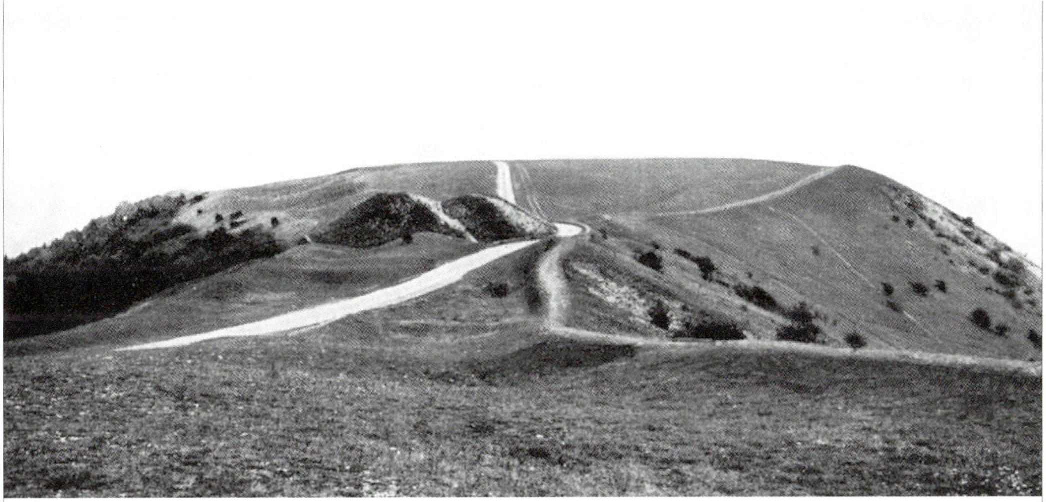

ABB. 5 Historische Aufnahme des Hesselberges bei Ehingen im Kr. Donau-Ries. Blick vom »Ehinger Berg« nach Südosten auf den pyramidenförmigen, noch sieben Meter hohen Erdwall aus der Zeit der Ungarneinfälle, der an der engsten Stelle den Zugang zum Plateau des »Röckinger Berges« abriegelte.

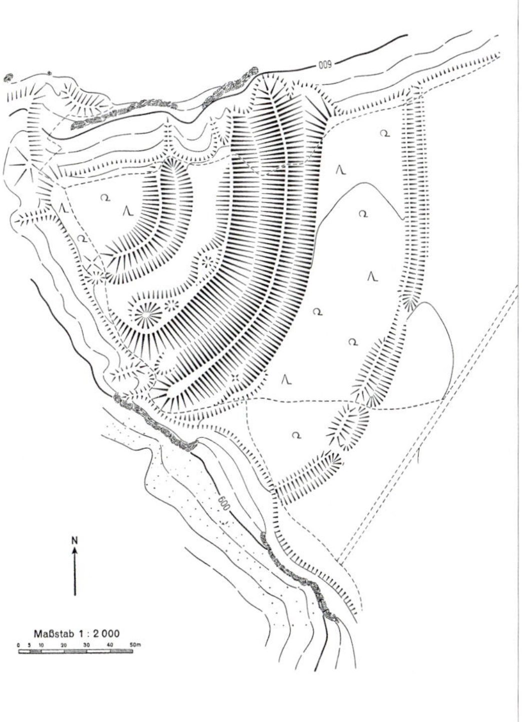

ABB. 6 Plan der sog. Römerschanze bei Grünwald auf einem Bergsporn am Hochufer des Isartales mit einem hoch aufgeschütteten Erdwall. Die Burg sollte den Isarübergang sichern und ist nachweislich von den Ungarn angegriffen worden (vg. Fundliste 1, 12).

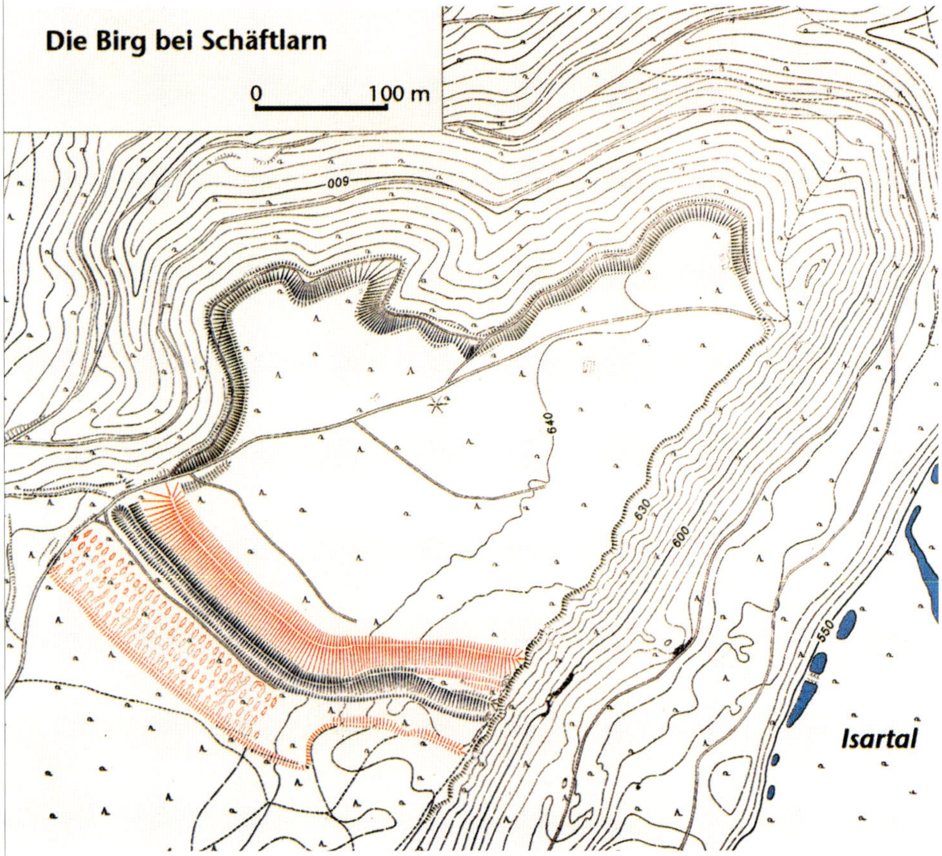

ABB. 7 Plan der Abschnittsbefestigung »Birg« bei Hohenschäftlarn. Rot eingetragen sind der aufgeschüttete, 10 m hohe Erdwall aus dem 10. Jahrhundert und das vorgelagerte Grubenfeld, das speziell die Annäherung von Reiterkriegern verhindern sollte.

ABB. 8 Schematischer Plan der Befestigung aus einem Palisadenzaun und einem zehn Meter breitem Sohlgraben, mit der Bischof Erchanbald die von ihm an der Altmühl gegründete Stadt Eichstätt und seine Bischofskirche nach 908 vor den Ungarn schützen ließ.

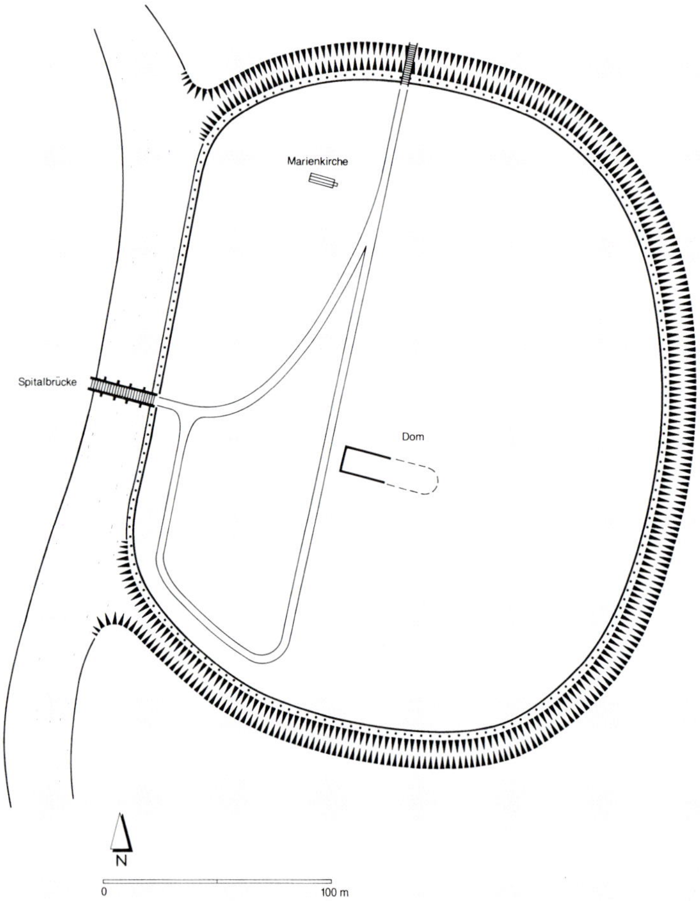

ließ. Dagegen konnte die nachweislich älteste Verteidigungsanlage gegen die Ungarn, die um 900 an einem strategisch wichtigen Donauübergang bei Lorch (Oberösterreich) errichtete und schon 901 in einer Königsurkunde erwähnte Ennsburg, bisher noch nicht gefunden werden.

Spuren ungarischer Angriffe

Kriegs- und Beutezüge sind in der Regel allzu kurzfristige und flüchtige Ereignisse, als dass man sie mit archäologischen Funden nachweisen könnte. Im Mittelalter werden sie vereinzelt dann fassbar, wenn gut datierte Zerstörungshorizonte von Befestigungsanlagen, Siedlungen oder Klöstern mit historisch überlieferten Angriffen in Verbindung zu bringen sind, wie zum Beispiel die Brandschicht im Kloster Benediktbeuern mit dem ungarischen Überfall des Jahres 955. Durch Ausgrabungen lassen sich manchmal auch Zerstörungen jener Zeit nachweisen, die nirgends verzeichnet wurden, aber mit den Ungarn zusammenhängen könnten, wie etwa die Brandkatastrophen der ersten Hälfte des 10. Jahrhunderts im Kloster und Stadtgebiet von Eichstätt oder in der Burg der Grafen von Ebersberg.

Häufig spiegeln sich ehemalige Kriegsgefahren indirekt auch im Verbreitungsbild von vergrabenen Münzschätzen. In welchem Ausmaß das auch für die Ungarneinfälle zutrifft, wurde bisher noch nicht untersucht. Immerhin dürfte ein ungarischer Raubzug durch das Vorderrheintal wohl der Grund dafür gewesen sein, dass man um 916 einen verzierten Geweihbehälter aus der Karolingerzeit (Abb. 9) mit Silbermünzen des 9. bis frühen 10. Jahrhunderts in Ilanz (Graubünden) verborgen hat. Dagegen könnten zwei Münzschätze aus der ersten Hälfte des 10. Jahrhunderts in Rom nicht nur vor den Streifscharen der Ungarn, sondern auch vor den Sarazenen versteckt worden sein.

Nur besonders günstigen Umständen ist es zu verdanken, dass konkrete Spuren der Ungarneinfälle – nämlich Funde ungarischer Waffen – sehr viel leichter als die anderer Kriegszüge zu entdecken sind. Eine Voraussetzung dafür war die große Zahl der Angriffe und die Tatsache , dass sich diese über den sehr langen Zeitraum von mehr als 50 Jahren erstreckten. Hinzu kommt, dass die Ungarn als Reiterkrieger osteuropäischer Herkunft ganz spezielle Waffen – nämlich leichte Reitersäbel und kompliziert verarbeitete Reflexbögen (Abb. 10) mit Pfeilen von extrem starker Durchschlagskraft – benutzten, die in Mittel-, West- und Südeuropa unbekannt waren. Deshalb sind in diesen Regionen, wo die Krieger im 10. Jahrhundert mit Schwertern und Lanzen kämpften oder zum Bogenschießen Pfeile mit Tüllenspitzen benutzten, sogar die Fragmente ungarischer Waffen sofort als östliche Fremdformen zu erkennen. Dabei handelt es sich fast immer um Eisenpfeilspitzen mit flachem, rautenförmigem Blatt und Schaftdorn.

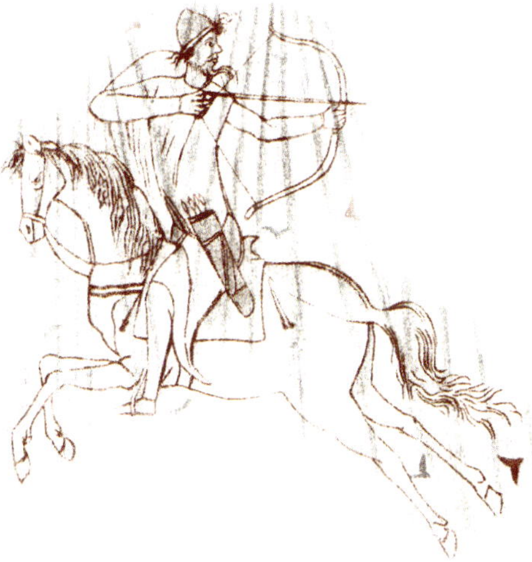
1

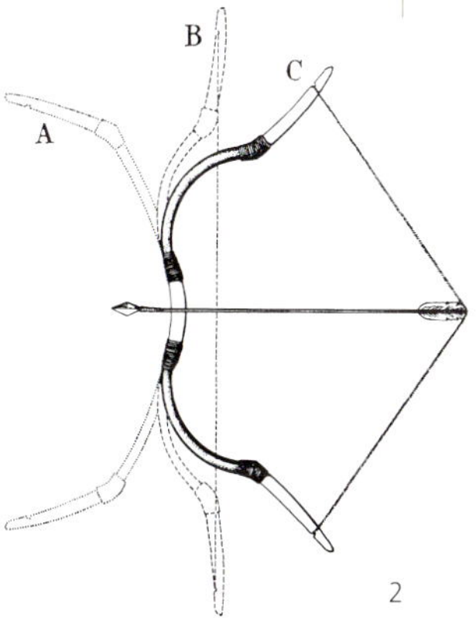

2

ABB. 10 1 Fresko des 12. Jahrhunderts in der Krypta des Domes von Aquileja: ein Reiterkrieger auf der Scheinflucht beschießt seinen Verfolger mit Pfeilen.
2 Die drei verschiedenen Zustandsformen eines Reflexbogens. A Ungespannt. – B Normalposition. – C Zum Schuss gespannt.

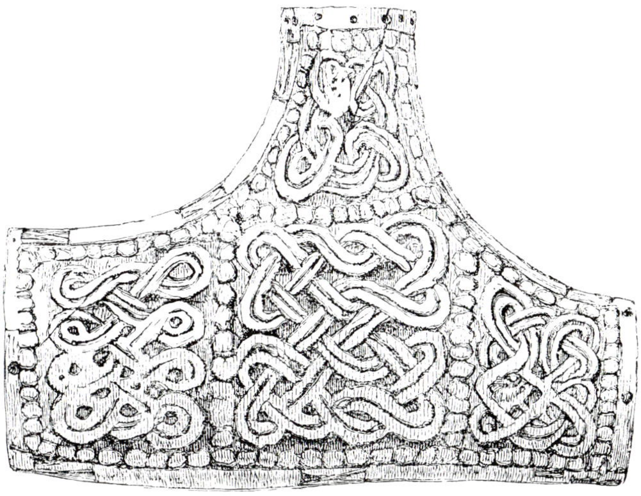

ABB. 9 Der mit Flechtbandornamenten verzierte Geweihbehälter aus der Karolingerzeit enthielt einen Münzschatz, mit dem er spätestes um 916 in Ilanz (Graubünden) vergraben worden ist. London, British Museum. – L. 14,4 cm.

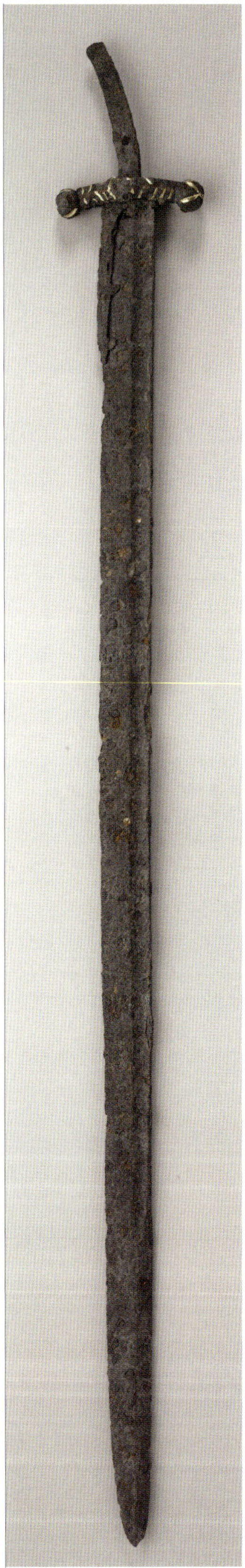

1

ABB. 11 Der Eisensäbel mit goldtauschierter Parierstange wurde im Südosten der Stadt Augsburg gefunden. Als typisch ungarischer Säbel besitzt er einen abgewinkelten Griff, eine leicht gebogene Parierstange mit kugeligen Enden und eine schmale Klinge mit Blutrinne. Archäologische Staatssammlung München. – L. 77 cm.
Für die freundliche Erlaubnis, diesen Säbel veröffentlichen zu dürfen, danke ich Herrn Prof. Dr. Ludwig Wamser, Archäologische Staatssammlung München, sehr herzlich.

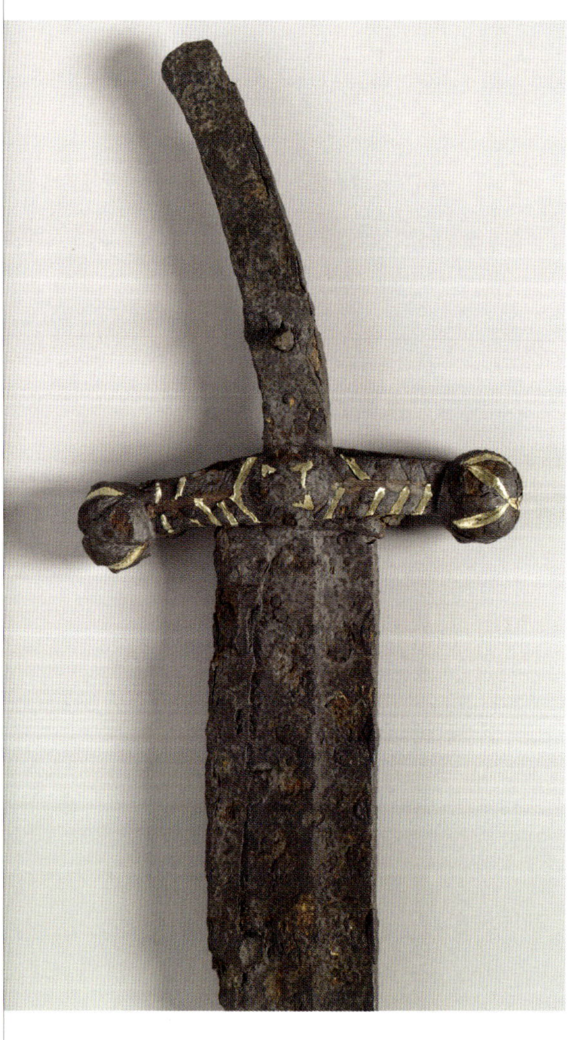

2

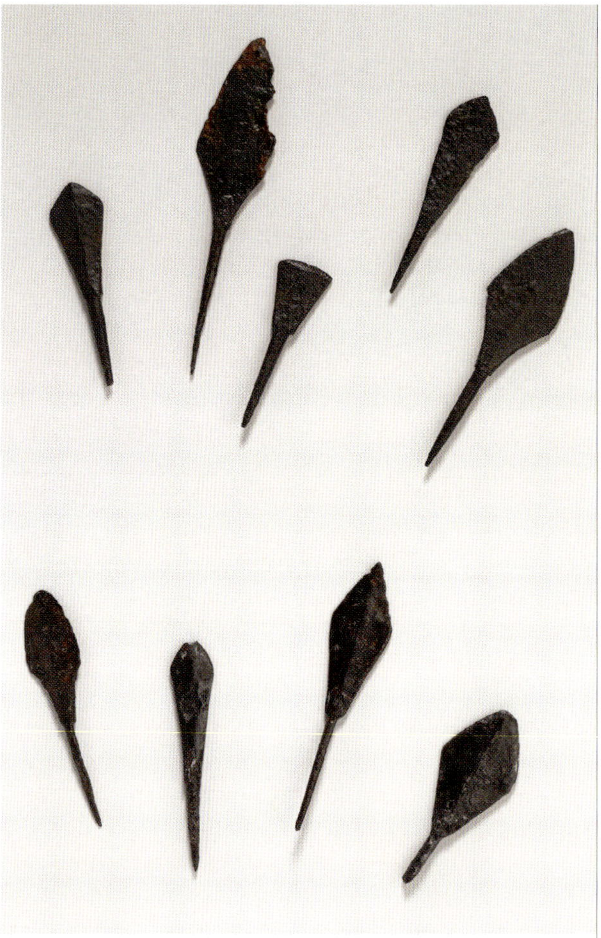

ABB. 12 Ungarische Schaftdorn-Pfeilspitzen des 10. Jahrhunderts vom Kleinen Gleichberg (Thüringen) und vom Runden Berg bei Bad Urach (Schwaben). Steinsburg-Museum Römhild und Würtembergisches Landesmuseum Stuttgart.

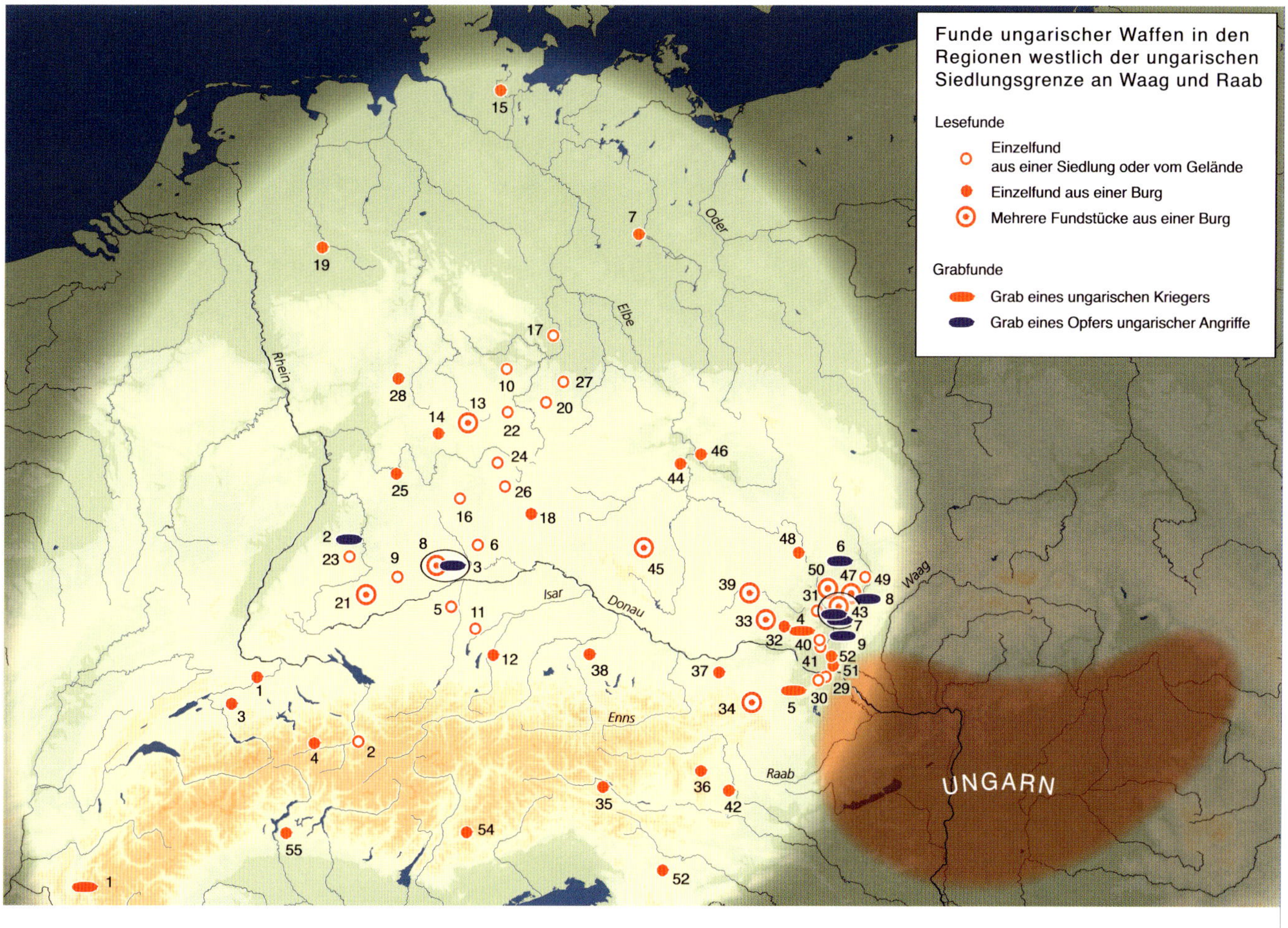

ABB. 13 **Entwurf einer Verbreitungskarte ungarischer Waffen, die westlich der ungarischen Siedlungsgrenze an Waag und Raab aufgefunden wurden. Vgl. Fundliste 1.**

Andere Waffen der Ungarn sind kaum zu finden, nicht einmal auf den ehemaligen Schlachtfeldern. Denn nach dem Ende der Kämpfe wurden solche Gelände nicht nur nach den Verletzten und Gefallenen abgesucht, sondern auch nach Waffen und anderen Wertsachen, die noch zu gebrauchen oder zu verwerten waren. Dass kürzlich ein vollständiger, ungarischer Eisensäbel mit goldtauschierter Parierstange am Südostrand der Stadt Augsburg entdeckt werden konnte (Abb. 11), ist deshalb keine Selbstverständlichkeit, sondern ein Glücksfall. Dieser wertvolle Säbel – bislang ein Unikat – muss einem sehr ranghohen Anführer der Ungarn gehört haben, der seinen Säbel entweder 955 in der Entscheidungsschlacht auf dem Lechfeld oder schon in einer früheren Schlacht bei Augsburg verloren hat.

Ein großer Teil der bisher gefundenen, ungarischen Schaftdorn-Pfeilspitzen stammt aus Burgen. Da selbst bei großflächigen Ausgrabungen in Burgen und Siedlungen meistens nur wenige Waffen zutage kommen, bezeugen die vielen ungarischen Pfeilspitzen (Abb. 12) vom Runden Berg bei Urach (Schwaben), vom Ehinger Berg (Bayern), vom Kleinen Gleichberg (Thüringen), aus Gars-Thunau, Gloggnitz und Sand (Niederösterreich), aus Nĕmĕtice (Südböhmen), dem großmährischen Fürstensitz Mikulčice, aus Strachotin und vor allem aus dem befestigen Herrenhof von Břeclav-Pohansko (Mähren), dass diese Anlagen von den Ungarn heftig angegriffen und vielleicht sogar erobert worden sind (Abb. 13). In zahlreichen anderen, zumeist noch gar nicht untersuchten Burgen konnte bisher nur eine einzige Schaftdorn-Pfeilspitze aufgelesen werden. Angesichts der ungünstigen Fundbedingungen dürfen aber auch solche Einzelstücke als Belege für ungarische Attacken gewertet werden. Nur gelegentlich muss man mit verschleppten Funden rechnen, nämlich dann wenn ein verschossener Pfeil als Andenken mitgenommen worden ist, wie z.B. jene ungarische Pfeilspitze vom Schlachtfeld bei Riade, die früher im Merseburger Dom zu sehen war. Die allermeisten Pfeilspitzenfunde weisen also auf Überfälle der Ungarn hin, die nirgends aufgeschrieben und deshalb vergessen worden sind.

Derzeit enthält die Verbreitungskarte ungarischer Waffen in Regionen westlich von Ungarn noch große, fundleere Gebiete (Abb. 13), die aber durch die ständig steigende Zahl von Neufunden allmählich verschwinden dürften. Dass Funde von Schaftdorn-Pfeilspitzen und Säbeln in den Gebieten westlich des Rheins fehlen, liegt allerdings nicht nur am Forschungsstand, sondern auch daran, dass die Einfälle ungarischer Streifscharen dort viel zu sporadisch waren, als dass sie deutliche Spuren hätten hinterlassen können. In anderen Ländern – wie z.B. in Italien – dürfte die geringe Zahl der Funde vor allem das

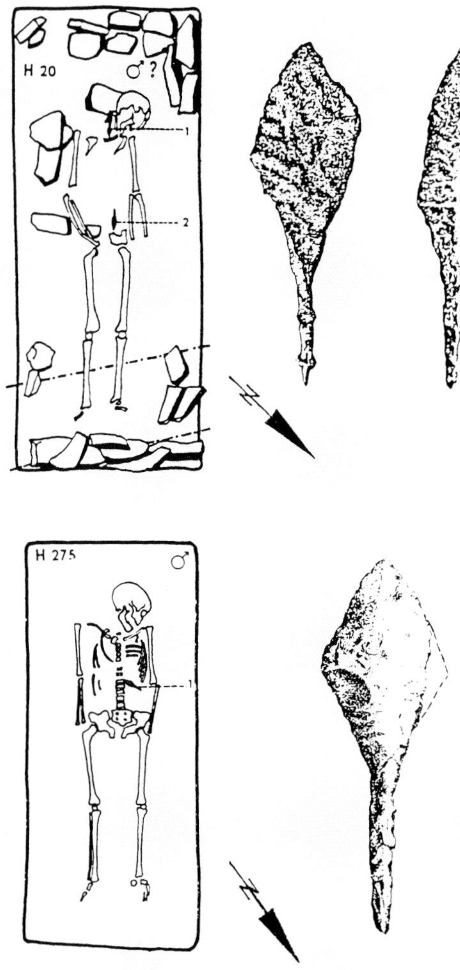

ABB. 15 Zwei Gräber von Männern, die im frühen 10. Jahrhundert von ungarischen Pfeilschüssen getötet und bei der Kirche im Herrenhof von Břeclav-Pohansko begraben worden sind.

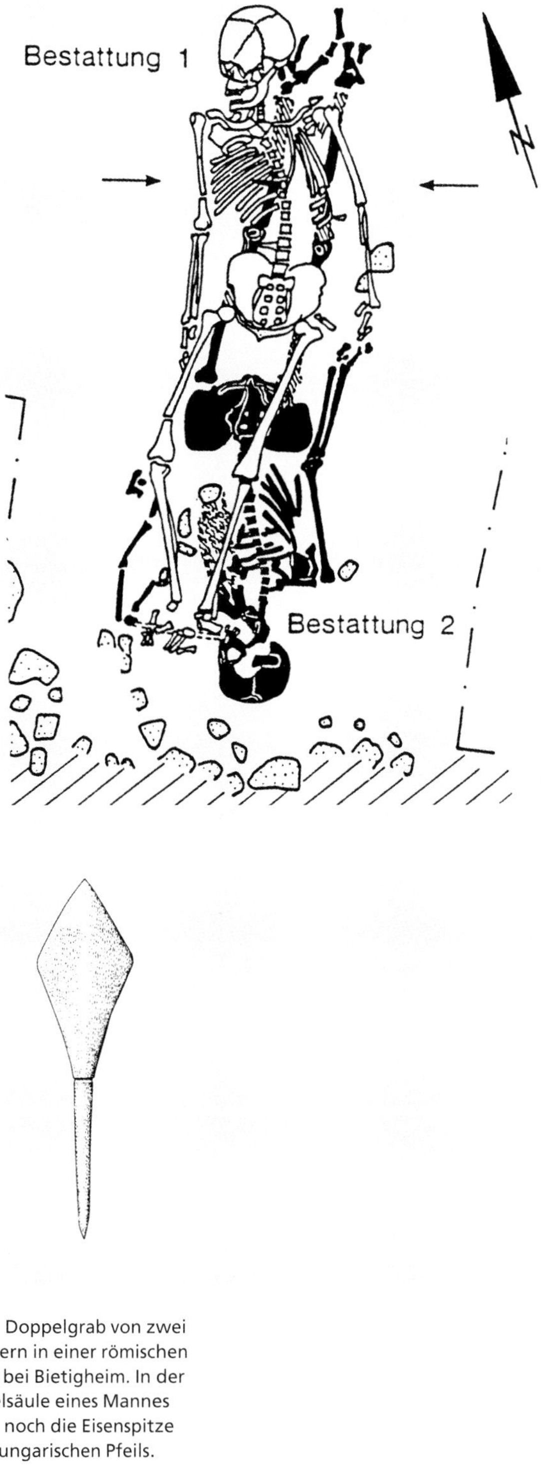

ABB. 14 Doppelgrab von zwei Männern in einer römischen Ruine bei Bietigheim. In der Wirbelsäule eines Mannes steckt noch die Eisenspitze eines ungarischen Pfeils.

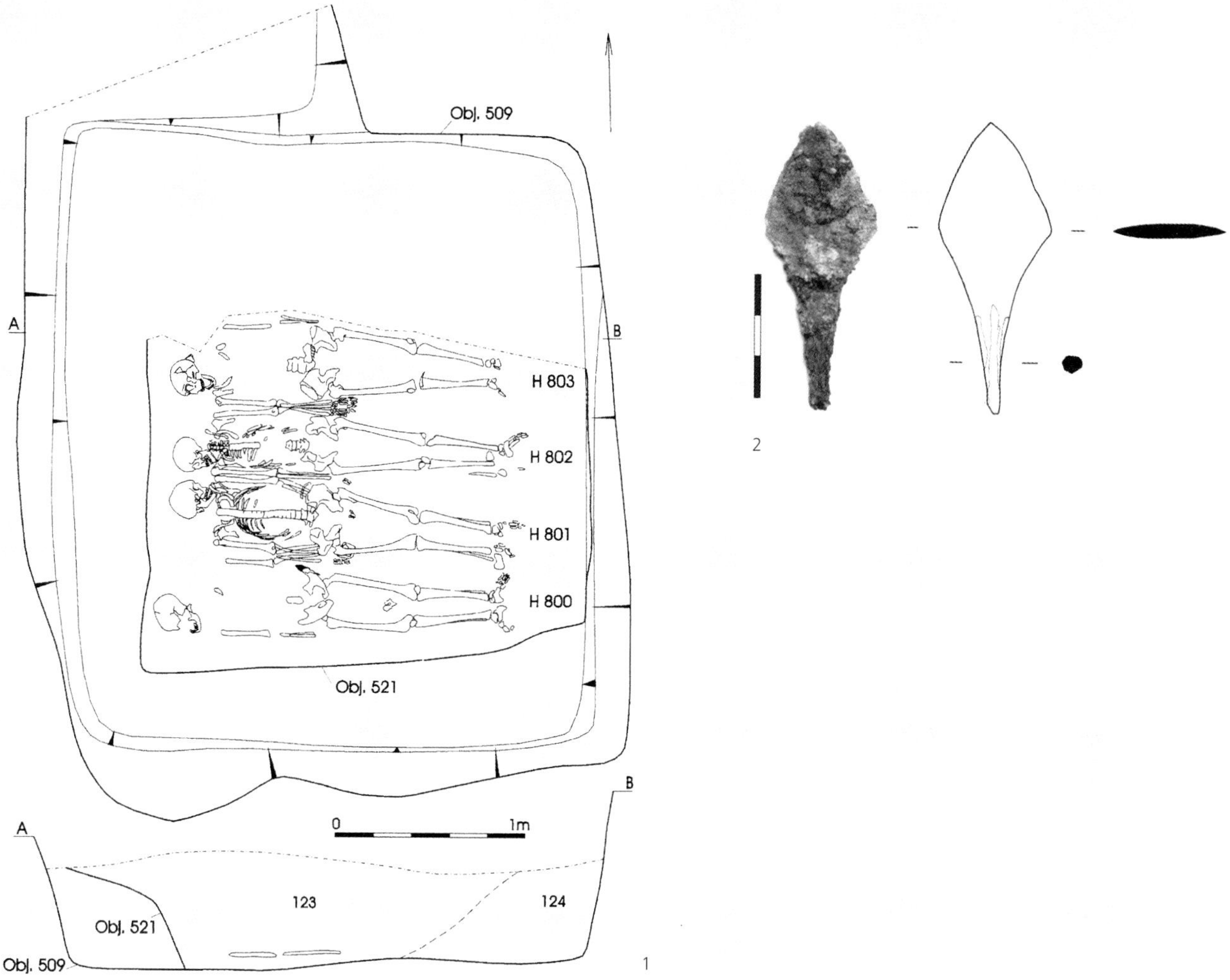

ABB. 16 Brankovice (Mähren). – 1. Massengrab von vier Männern, die im Kampf gegen Ungarn gefallen sind. (Aufsicht und Profil) – 2. Eiserne Schaftdorn-Pfeilspitze, die noch im Becken eines Mannes (H. 800) steckte.

Resultat anderer Forschungsschwerpunkte sein. Im Raum zwischen Rhein und der damaligen Westgrenze Ungarns an Waag und Raab schließt das archäologische Fundmaterial aber schon heute manche Lücken in der Überlieferung. Allerdings eignet es sich nicht zur präzisen Datierung dieser Vorfälle.

Gräber von Opfern ungarischer Angriffe

Unmöglich ist es auch, das Todesjahr der Menschen festzustellen, die den Attacken der Ungarn zum Opfer gefallen sind. Dazu gehören jene Männer, die in der Vorburg des Ehinger Burgberges und bei der Kirche im Herrenhof von Břeclav-Pohansko (Abb. 14) begraben wurden. Als verstorbene Christen hatten sie zwar keine Grabbeigaben, doch steckten in ihren Körpern noch die Eisenspitzen jener ungarischer Pfeile, von denen sie tödlich getroffen worden waren. Das gilt auch für einen der zwei 30 bis 40 Jahre alten Männer, deren Leichen übereinander in eine Grube im Innenhof einer römischen Ruine bei Bietigheim geworfen worden sind (Abb. 15). Den einen Mann hatte ein Pfeilschuss in die Wirbelsäule, den anderen ein Schlag auf den Kopf – vermutlich ein Säbelhieb – getötet. Ein Massengrab von vier kräftigen erwachsenen Männern ist vor kurzem in Brankovice (Mähren) ausgegraben worden. Die Toten hatten keine Beigaben, doch lag im Becken eines Skelettes noch eine eiserne Dornpfeilspitze als Indiz dafür, dass diese Männer bei einem Kampf mit den Ungarn gestorben waren (Abb. 16). Wahrscheinlich mit einer Eroberung der slawischen Burg in Gars-Thunau durch Ungarn hängen nicht nur die zahlreichen Dornpfeilspitzen im Burgbereich, sondern vermutlich auch die Gräber von vier Personen zusammen. Eine Frau sowie ein Kind sind pietätlos in eine Speichergrube hineingeworfen und eine Frau, die offenbar ein einer Holzhütte verbrannt war, regellos in einer flachen Grube verscharrt worden. Vom Säbel eines Ungarn könnte ein 25 bis 30 Jahre alte Krieger getötet worden sein, der zwar ein Panzerhemd getragen, aber am Kopf,

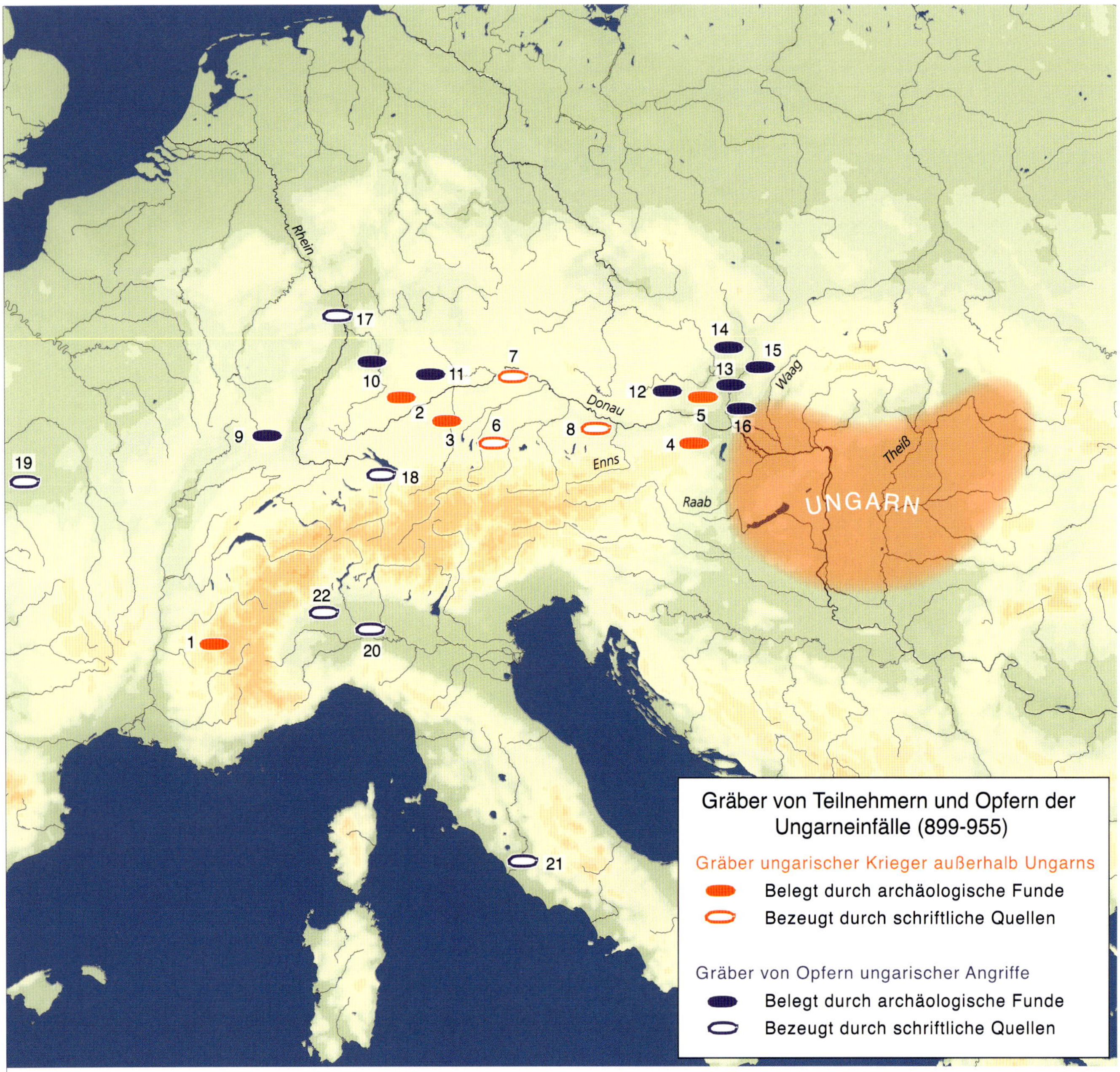

ABB. 17 Entwurf einer Verbreitungskarte der Gräber von Teilnehmern und Opfern der Ungarneinfälle in den Jahren von 899 bis 955. Vgl. Fundliste 2.

an den Beinen und Unterarmen zahlreiche Verletzungen durch eine leichte Hiebwaffe erlitten hatte. Sein Leichnam wurde nur notdürftig, d.h. weder in einem Sarg noch in einer tiefen Grabgrube beigesetzt, sondern auf den Felsboden neben der Burgkirche gelegt und mit Granitplatten abgedeckt.

Die Namen dieser Getöteten und der vielen anderen Opfer ungarischer Überfälle kennen wir nicht. Verzeichnet wurde damals nur der Tod berühmter Persönlichkeiten, wie z.B. des Markgrafen Liutpold von Bayern und des Erzbischofs Theotmar von Salzburg in der Schlacht bei Pressburg († 5. Juli 907), der hl. Wiborada, die am 2. Mai 926 in ihrer Klause beim Kloster St. Gallen erschlagen wurde oder von Herzog Konrad dem Roten von Lothringen, der in der Schlacht auf dem Lechfeld gefallen († 10. August 955) und in Worms begraben worden ist (Abb. 17).

Gräber ungarischer Krieger in der Fremde

Von jenen ungarischen Kriegern, die nach verlorenen Schlachten in Massengräbern beerdigt worden sind, konnte bisher noch keine Spur entdeckt werden, weder von den Grabhügeln, die nach der Schlacht bei Wels (943) in der Welser Heide aufgeschüttet wurden, noch von jener großen Grube, in die der Graf von Ebersberg die gefangenen Ungarn von der Schlacht auf dem Lechfeld (955) werfen ließ, nachdem sie erwürgt sowie ihrer Waffen und aller Wertgegenstände beraubt worden waren (Abb. 17). Aus Mangel an Beigaben bleibt fraglich, ob eine Grube bei Inningen südlich von Augsburg mit den Skeletten von sieben, achtlos hineingeworfenen Männern in Zusammenhang mit der Schlacht auf dem Lechfeld steht. Nie mehr aufzufinden werden wohl die Gräber des Ungarnkönigs Bulcsú sowie der beiden Fürsten Sur und Lele sein, die man damals gefangen genommen, nach Regensburg gebracht und wie Verbrecher am Galgen gehenkt hat.

Leicht zu erkennen sind dagegen die Gräber ungarischer Krieger, die während eines Raubzuges in der Fremde verstarben und von ihren Kameraden nach eigenem Brauch – d.h. mit Waffen, Rangabzeichen, Zaum- und Sattelzeug sowie Teilen ihres Reitpferdes – beerdigt wurden. Aufgrund dessen kann man sie von den beigabenlosen Gräbern der christlichen Bevölkerung Mittel-, West- und Südeuropas ebenso deutlich unterscheiden wie von den anders ausgestatteten Gräbern der Slawen in der Slowakei, in Mähren und Niederösterreich. Da es sich um Gräber handelt, die nicht auf Friedhöfen, sondern vereinzelt in der Landschaft liegen und deshalb nur durch Zufall entdeckt werden, sind bisher nur wenige bekannt (Abb. 17).

Auf das erste dieser Gräber ist ein Kalkbrenner bereits im Jahre 1885 gestoßen, als er bei Aspres-lès-Corps, einem Dorf in den französischen Hochalpen, einen Haufen Steine beiseite räumte. Der Beschreibung nach fand er bei dem Krieger einen Säbel mit silberverziertem Griff, einen Köcher mit Pfeilspitzen, eine Bronzekette mit zwei herzförmigen Anhängern und neun gelochte, also aufgenähte Silbermünzen des 9. bis frühen 10. Jahrhunderts. Wegen der Beigaben seines Grabes kann dieser Mann kein muslimischer Sarazene gewesen sein – wie damals vermutet wurde –, sondern nur ein Ungar. Da seine jüngste Münze ein Denar des Kaisers Berengar I. (915–924) war, dürfte er bei jenem Ungarneinfall gestorben sein, der 924 nach Oberitalien und dann durch die französischen Westalpen bis nach Nîmes im Tal der Rhône geführt hatte. Bis auf einen bronzenen Riemenverteiler des Pfeilköchers, der heute noch im Musée Départemental des Hautes-Alpes in Gap aufbewahrt wird, sind alle Beigaben seines Grabes verschollen.

Dem zerstörten Grab eines ungarischen Reiters entstammt sicher auch ein Paar birnförmiger, typisch ungarischer Eisensteigbügel aus Schlat im Kreis Göppingen, dessen Fundstelle und Fundumstände zwar unbekannt sind (Abb. 18), das aber gemeinsam mit einem Trensenknebel aus tordiertem Eisen sowie einem Eisenbeschlag mit Bronzenieten in das Göppinger Museum eingeliefert worden ist. Nur als Grabbeigaben konnten die Steigbügel paarweise erhalten bleiben. Da es in Schwaben im 10. Jahrhundert aber längst nicht mehr üblich war, Verstorbene mit dem Sattel und der Trense eines Pferdes zu bestatten, müssen die Fundstücke im Grab eines Ungarn gelegen haben.

Eine alte Grabskizze und ganz wenige Beigaben blieben von dem ungarischen Reitergrab erhalten, das man 1928 in Lanzenkirchen südlich von Wiener Neustadt entdeckt hat. Dieser Mann war nur mit seinem Pfeilköcher, seiner eisernen Gürtelschnalle und einer blauen Glasperle begraben worden sowie mit Teilen des Reitpferdes, bei dem die Trense und zwei Steigbügel lagen (Abb. 19). Seine ärmliche Ausstattung lässt darauf schließen, dass er zu Lebzeiten keinen hohen militärischen Rang bekleidet hatte. Solange keine weiteren ungarischen Gräber in diesem Raum gefunden werden, darf man ihn zu jenen Kriegern zählen, die bei einem der ungarischen Streifzüge nach Westen in der ersten Hälfte des 10. Jahrhunderts ums Leben gekommen sind.

Das einzige ungarische Kriegergrab, das weit westlich der ungarischen Siedlungsgebiete entdeckt, mit modernen Grabungsmethoden freige-

ABB. 18 Die zwei birnförmigen Eisensteigbügel aus Schlat hatten wahrscheinlich in einem ungarischen Reitergrab gelegen. Göppingen, Städtisches Naturkundliches Museum. – H. 15,1 cm; Br. 13,1 cm.

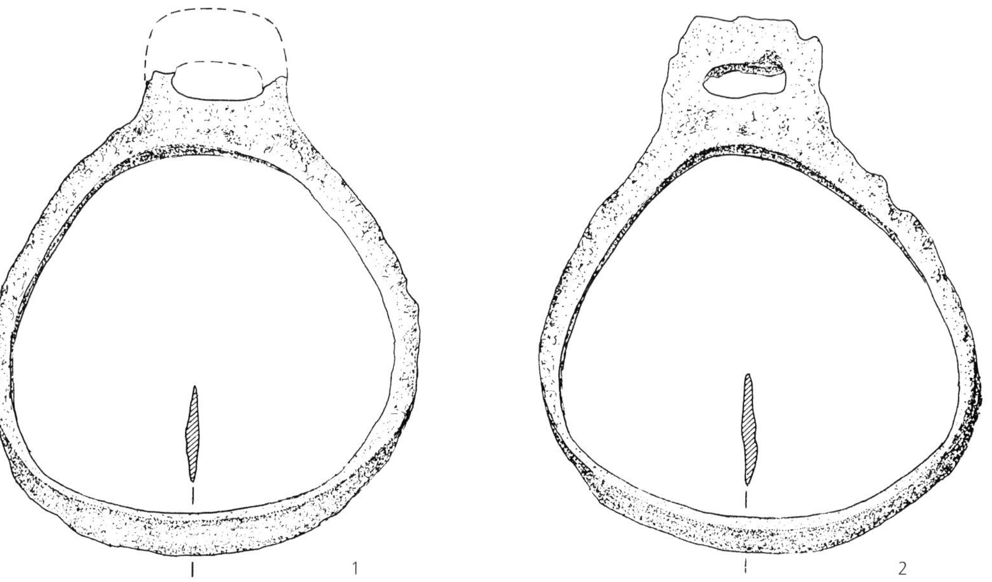

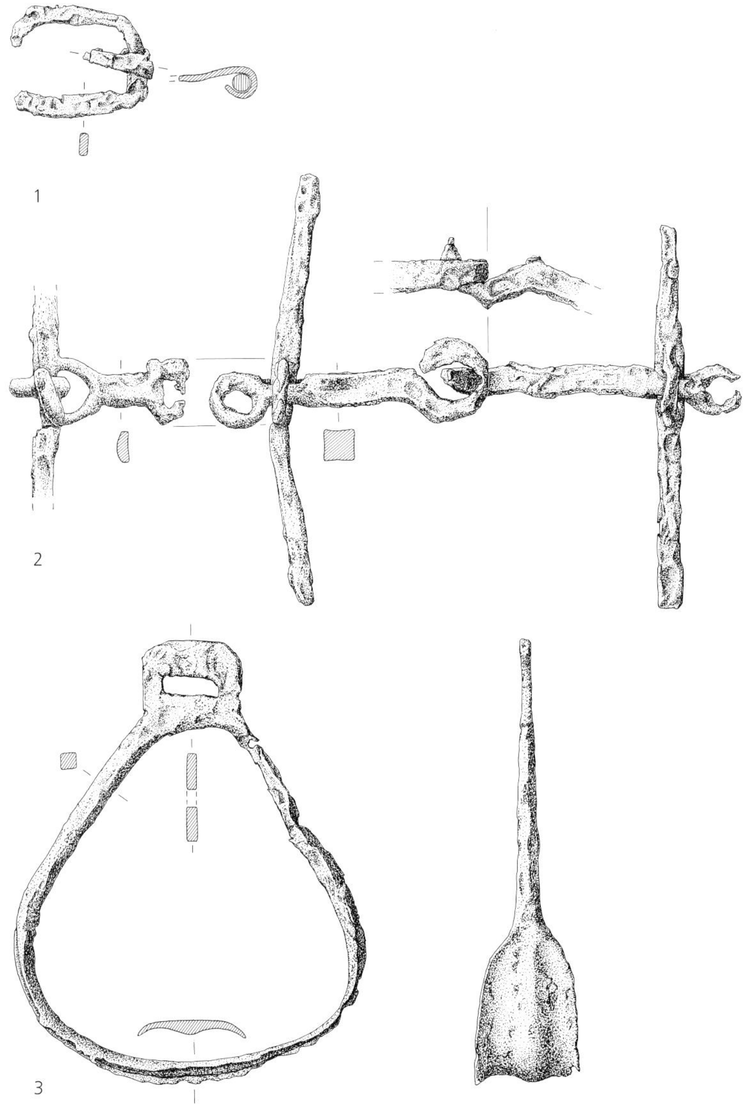

ABB. 19 **Eiserne Gürtelschnalle (1), Knebeltrense (2) und birnförmiger Steigbügel (3) aus dem Grab des berittenen, ungarischen Bogenschützen, der während der ersten Hälfte des 10. Jahrhunderts in Lanzenkirchen südlich von Wiener Neustadt bestattet worden ist. Wien, Niederösterreichisches Landesmuseum.**

legt, sorgfältig untersucht und publiziert wurde, kam im Juli des Jahres 2000 im niederösterreichischen Gnadendorf bei Mistelbach zutage. Die historische Auswertung dieses Grabes, in dem ein erst 14 Jahre alter, aber schon wehrfähiger Knabe gelegen hatte, ist jedoch problematisch, weil sich die Ergebnisse der archäologischen und der naturwissenschaftlichen Datierungsmethoden widersprechen .

Die vermeintliche Unsicherheit bei der archäologischen Datierung ungarischer Kriegergräber war der Anlass, um C14-Untersuchungen des Grabes durchzuführen. Man hoffte, durch diese naturwissenschaftliche Methode einen konkreten Hinweis auf dessen Alter zu gewinnen, doch führte deren Ergebnis – eine Datierung in die Zeit um 1000 n. Chr. – nur zur Verunklärung eines eindeutigen, archäologischen Befundes[1].

Exkurs: Zur Münzdatierung ungarischer Kriegergräber

Grundsätzlich gehören ungarische Kriegergräber, die außer reichen Beigaben sogar eine Serie von Münzen enthalten, zu jenen Funden des frühmittelalterlichen Europa, deren Alter man mit archäologischen Methoden am besten und genauesten festlegen kann, nämlich auf eine Zeitspanne von 30 bis 35 Jahren, die etwa einer Generation entspricht. Voraussetzung dafür ist allerdings eine konsequente Anwendung erprobter Datierungsmethoden wie z. B. der Fundkombinationsstatistik aller bekannten ungarischen Gräber und der Horizontalstratigraphie großer Gräberfelder. Dort, wo diese Methoden bereits angewendet und ihre Ergebnisse anhand der Münzbeigaben abgesichert wurden, zeigt sich, dass ungarische Krieger nur in der Frühphase von 896 bis 930/940 mit sehr reichen Beigaben bestattet worden sind, nämlich nicht nur mit Teilen des aufgezäumten Reitpferdes, sondern auch mit edelmetallverzierten Kleidern, Waffen und anderen Rangabzeichen. Überdies ist zu erkennen, dass diese Kriegergräber, die als jüngste Münzen Denare Kaiser Berengars I. (915–924) oder die vor 920 geprägten Dirhems des Nasr ibn Ahmed II. (913–943) enthalten, keineswegs im gesamten Karpatenbecken liegen (Abb. 20). Sie beschränken sich vielmehr auf jenen Bereich der Großen Ungarischen Tiefebene, der vom Oberlauf der Theiß im Norden bis zur Mündung der Maros im Süden reichte und auf die Kleine Ungarische Tiefebene bis zum Westufer der Waag sowie in Pannonien auf das Mündungsgebiet der Raab und einen schmalen Streifen am Westufer der Donau. Das Ende dieser älteren Phase leitete der Waffenstillstand mit König Heinrich I. im Jahre 926 ein, weil er zu einer langjährigen Einstellung der ungarischen Beutezüge und damit zu einer deutlichen Zäsur in der gesamten Ausstattung sowie im Münzspektrum ungarischer Kriegergräber führte.

In der jüngeren Phase enthalten diese Gräber nämlich vorwiegend italienische Münzen des Hugo von Provence (926–945), Hugos und Lothars II. (931–947) sowie Lothars II. (945–950), in deren Besitz die Ungarn wohl erst nach Wiederaufnahme ihrer Streifzüge durch Italien ab 933/937 gelangt waren, außerdem Goldmünzen der byzantinischen Kaiser Konstantinos VII. und Romanos II. (945–959). Die Männergräber aus der Zeit von 930/940 bis um 950/970 liegen auch tief im Südwesten Pannoniens und beweisen damit die Ausdehnung des ungarischen Siedlungsgebietes zu dieser Zeit. Sie sind bereits viel ärmlicher und meistens auch schon mit neuen, glockenför-

1 Notwendiger wäre es, mit C14-Untersuchungen das Alter jener reichen ungarischen Gräber im nördlichsten Teil des Karpatenbeckens zu überprüfen, in denen überhaupt keine Münzen, statt dessen aber noch Beigaben liegen, die während des 9. Jahrhunderts im Wolga -Kama-Gebiet oder in Innerasien verbreitet gewesen waren und die deshalb aus der Zeit vor der historisch überlieferten ungarischen Landnahme von 895/896 stammen können.

migen Steigbügeln ausgestattet, für die das streifentauschierte Steigbügelpaar mit der mutmaßlich zugehörigen, tauschierten Ringtrense aus dem Gräberfeld von Musca (Abb. 21) ein besonders schönes Beispiel ist. Krieger höheren Ranges wurden nun oft mit Hiebwaffen anderen Typs begraben, entweder mit echten, zweischneidigen Schwertern (vgl. das Wikingerschwert aus Szob-Kiszerdö) oder mit sog. Säbelschwertern. Auch die übliche Mitbestattung des Reitpferdes, von dem aber nur der Kopf, die abgezogene Haut mitsamt den Beinen, außerdem die Trense, das übrige Zaumzeug sowie der Sattel mit dem Steigbügelpaar seitlich oder zu Füßen des Toten niedergelegt wurden, ist bis gegen Ende der jüngeren Phase, d.h. um 970, aufgegeben worden. Die Analyse der großen, zeitlich anschließenden Gräberfelder der sog. Bijelo Brdo-Kultur ergab, dass man diesen Brauch um 1000 oder gar im 11. Jahrhundert – von seltensten Ausnahmefällen abgesehen – längst nicht mehr ausgeübt hat.

Zur Datierung und Deutung des Gnadendorfer Grabes

Nach archäologischen Kriterien kann das Grab des 14 jährigen Ungarn in Gnadendorf also nur aus der älteren Phase der sog. Landnahmezeit (895/896-bis 930/940) stammen. Seine um 902 geprägten, stark abgenutzten Silbermünzen geben dabei lediglich den *Terminus post quem*, d.h. also jenen Zeitpunkt an, nach dem er verstorben ist. Der Knabe muss also nicht unmittelbar nach 902, sondern kann auch erst gegen Ende der Phase (um 930/940) beerdigt worden sein. Er hatte die abgenützten Silbermünzen, den alten, wertvollen Säbel und die abgewetzten Silberbeschläge des Gürtels vermutlich nicht lange selbst besessen, sondern entweder geerbt oder sogar erst als Grabbeigaben erhalten, weil ihm diese Rangabzeichen zustanden.

Die Herkunft des Knaben lässt sich mit Hilfe einer Verbreitungskarte jener ungarischen Kriegergräber ermitteln, die mit dem gleichem Spektrum an Beigaben angelegt worden sind. Sie zeigt, dass sich Gräber, in denen ebenfalls ein prunkvoller Säbel in silberbeschlagener Scheide und silberne Gürtelbeschläge, gelegentlich auch gelochte Silbermünzen der Zeit vor 925/930, außerdem Teile des Reitpferdes mit Trense und Steigbügeln liegen, auf den Oberlauf der Theiß konzentrieren (Abb. 22). In einigen dieser Gräber fand sich zusätzlich eine silberne Taschendeckplatte oder eine Silbertasse, die eine noch höhere soziale Stellung andeuten dürften. Nur jene Kriegergrä-

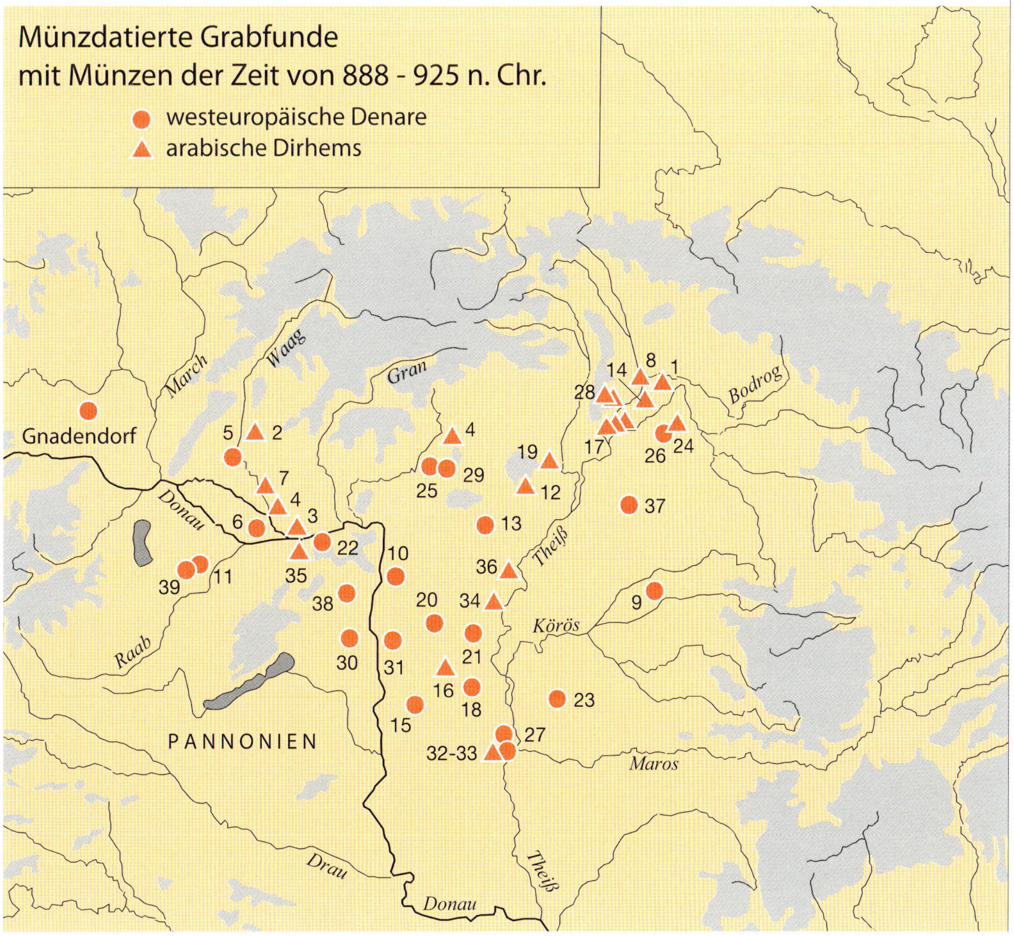

ABB. 20 Verbreitungskarte münzdatierter ungarischer Gräber im Karpatenbecken mit westeuropäischen und arabischen Schlußmünzen aus der Zeit von 888 bis 925 n. Chr.

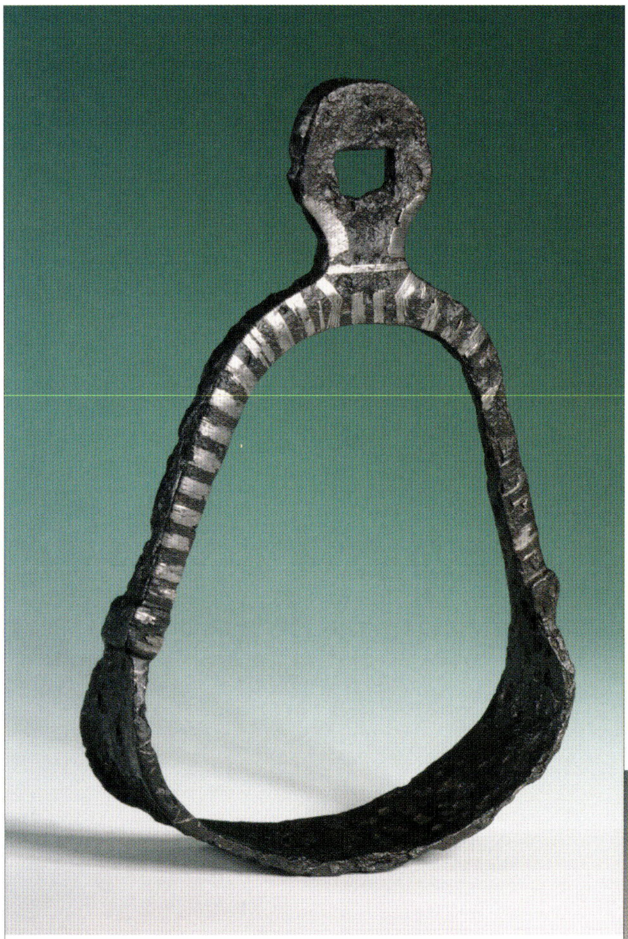

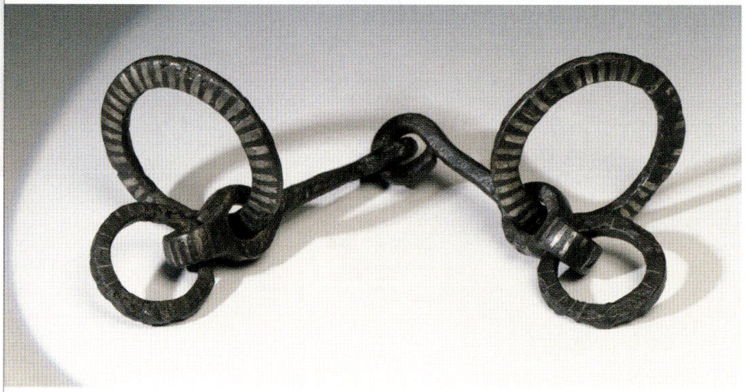

ABB. 21 Mit Silberstreifen tauschierter, glockenförmiger Eisensteigbügel (H. 18,1 cm) und streifentauschierte Ringtrense (L. 30,5 cm) aus dem ungarischen Gräberfeld von Musca, Kr. Arad (Rumänien), zweites Drittel 10. Jahrhundert. Ungarisches Nationalmuseum Budapest.

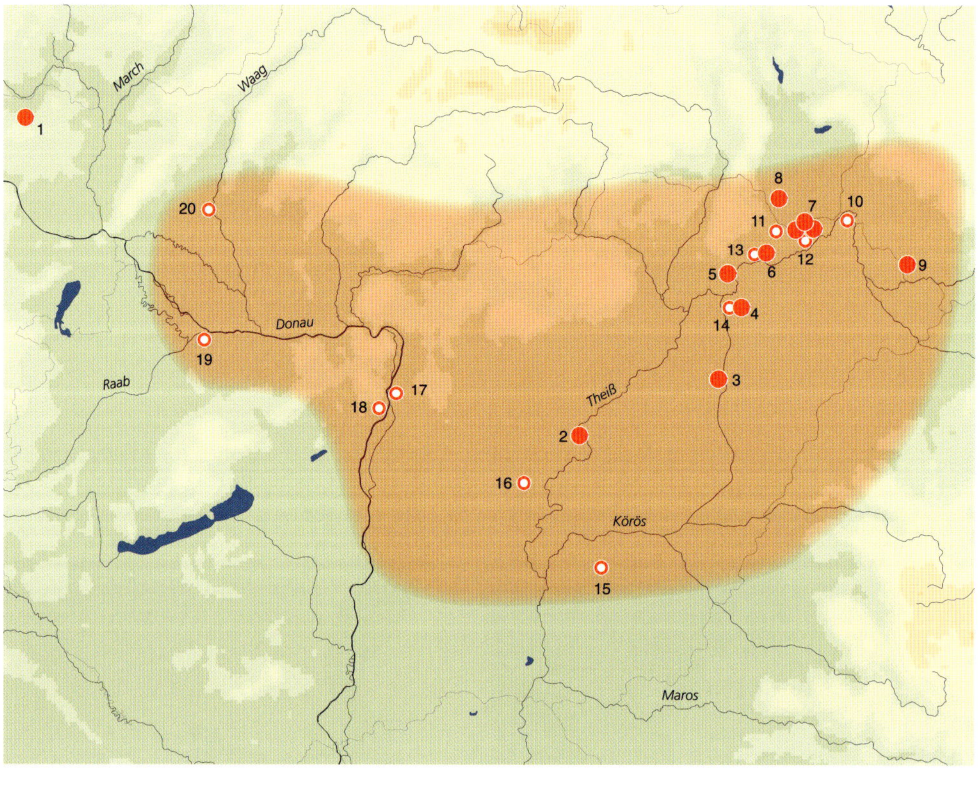

ABB. 22 Entwurf einer Verbreitungskarte ungarischer Kriegergräber mit einer Kombination von Beigaben, die denen des Gnadendorfer Knabengrabes entspricht, teils sogar noch etwas reicher ist (•).

1 Gnadendorf.
2 Tiszasüly.
3 Gesztered.
4 Tiszaeszlár-Bashalom, Grab 7/1958.
5 Tarcal.
6 Kenezlö, Grab 14.
7 Karos II, Gräber 50 und 52; Karos III, Grab 11.
8 Zemplin.
9 Beregovo.

Ungarische Kriegergräber, die eine ähnliche Kombination von Beigaben, jedoch keine Säbelscheide mit Silberbeschlägen enthalten (◦).

10 Tiszabezded.
11 Streda nad Bodrogom, Grab 3.
12 Karos II, Grab 36.
13 Kenezlö, Grab 28.
14 Tiszaeszlar-Bashalom, Grab D.
15 Gadoros, Grab 1.
16 Nagykörös, Grab 2.
17 Budapest-Pestlörinc.
18 Budaörs.
19 Bana, Grab 1.
20 Sered´ I, Grab 57.

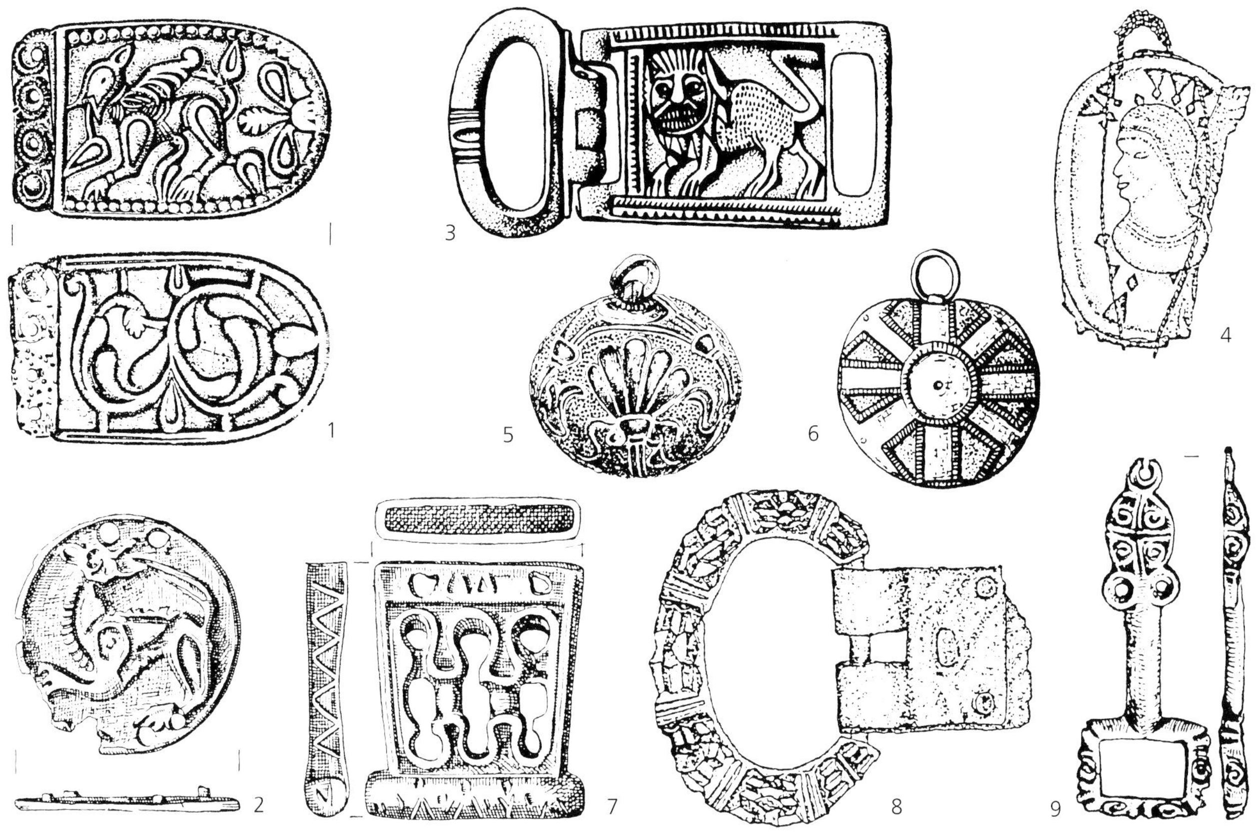

ABB. 23 Auswahl von Gegenständen fremder Herkunft – mutmaßlichem Beutegut – in ungarischen Gräbern des Karpatenbeckens. – Vergoldete Silberriemenzunge (1) und Bronzemedaillon (2) aus dem Mittelmeerraum, vermutlich aus Italien. – Bronzene Gürtelschnalle aus dem Byzantinischen Reich (3). – Silberne Kugelknöpfe und Bronzeschnallen aus dem Großmährischen Reich (5–6.8). – Pseudogemme mit Goldflitter-Auflagen aus dem Rheinland (4), durchbrochene Bronzeriemenzunge aus Friesland (7), bronzene Gürtelschnalle (9) aus dem Ostfränkischen Reich.

ber, die etwas weniger reich ausgestattet sind, nämlich keine Säbelscheide mit Beschlägen aus Edelmetall enthalten, waren großräumiger verbreitet. Sie streuen über die Große Ungarische Tiefebene hinaus bis an den westlichen Uferstreifen der Donau und in einem Fall bis auf das Westufer der Waag in der Kleinen Ungarischen Tiefebene. Das ungarische Knabengrab in Gnadendorf liegt also völlig isoliert und sehr weit entfernt vom Oberlauf der Theiß, wo dieser sehr junge, aber schon ranghohe Krieger – seiner Grabausstattung zufolge – offenbar beheimatet gewesen war.

Ein völlig anderes Bild vermittelt dagegen die Verbreitungskarte von archäologischen Spuren der Ungarneinfälle (899-955), auf der die Fundorte ungarischer Waffen (Schaftdorn-Pfeilspitzen, Säbel) in Burgen, Siedlungen und in ungarischen Kriegergräbern außerhalb Ungarns sowie in den Gräbern von Opfern ungarischer Angriffe eingetragen sind. Sie lösen das Grab des 14 Jahre alten Ungarn aus seiner Vereinzelung und rücken es in einen historischen Gesamtzusammenhang (vgl. Abb. 13, Nr. 4). Sein Grab in Gnadendorf liegt am Südrand einer starken Fundkonzentration in Mähren, die wohl mehrheitlich durch die ungarischen Angriffe auf Großmähren und die Zerstörung dieses Reiches um 902 oder 906/907 entstanden ist. An der Eroberung Großmährens dürfte der Knabe jedoch wegen der starken Abnützung seiner Münzen noch nicht beteiligt gewesen sein, denn die jüngsten davon waren erst um 902 (evtl. sogar erst um 915) geprägt worden. Den Tod wird er also zu einem späteren Zeitpunkt gefunden haben. Vermutlich gehörte der junge Krieger zu einer jener Streifscharen aus der Zeit der Ungarneinfälle, die auf ihrem Weg nach Westen auch den – ganz in der Nähe von Gnadendorf gelegenen – Oberleiserberg und die Burg Gars-Thunau in Niederösterreich attackiert haben könnten.

Mit den Methoden der Archäologie kann man das Gnadendorfer Knabengrab also sicher in die Zeit nach 902 bis um 930/940 datieren, und seine isolierte Lage mit den ungarischen Streifzügen jener Jahre plausibel begründen. Dagegen ist die ^{14}C-Datierung dieses Grabes in die Zeit um 1000 angesichts von Alter, Ausstattung und Verbreitung der ungarischen Kriegergräber vergleichbaren Typs sowie der Siedlungsgeschichte Niederösterreichs kaum zu erklären. Da sie außerdem nicht einmal zwingend ist, weil ein ca. 70 Jahre früher liegender Zeitpunkt aus naturwissenschaftlicher Sicht zwar »weniger wahrscheinlich«, aber ebenfalls möglich ist, sollte man den früheren Termin bevorzugen[2]. Dieser lässt sich ohne Probleme mit den archäologischen Befunden in Einklang bringen.

2 Dass es bei ^{14}C-Analysen manchmal zu eklatant falschen Datierungen kommen kann, zeigt das Beispiel des Turiner Grabtuches, das danach eine spätmittelalterliche Fälschung sein soll, aber nach archäologischen Kriterien zweifellos antik und echt ist.

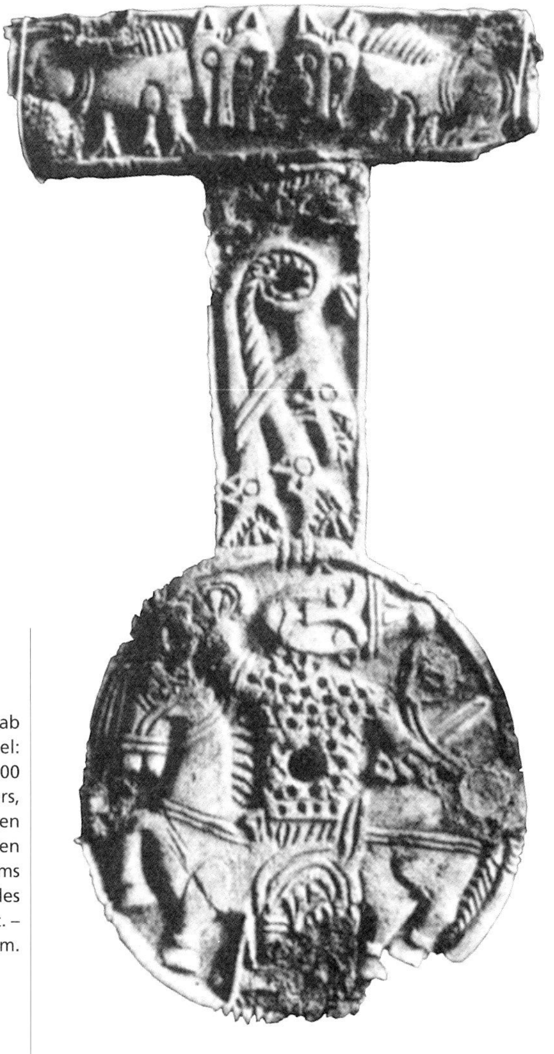

ABB. 24 Poitiers, aus einem Grab in der Grand-Rue Saint-Michel: Beinbeschlag der Zeit um 1000 mit dem Relief eines Ritters, der mit seinem Schwert gegen einen Drachen mit drei Köpfen – dem Symbol des Heidentums – kämpft. Poitiers, Societé des Antiquaires de l'Ouest. – Dm. 5,9 cm.

Beutegut

Zu den archäologischen Spuren der Ungarneinfälle gehören auch Gegenstände, die geraubt und in das Karpatenbecken mitgenommen worden sind. Allerdings kommen solche mutmaßlichen Beutestücke in den ungarischen Männer- und Frauengräbern bei weitem nicht so häufig vor, wie man es vermuten würde. Es handelt sich dabei teils um Schmuckstücke (Kugelknöpfe, Anhänger, Fingerringe) teils um Trachtbestandteile (Gürtelschnallen, Riemenzungen) unterschiedlichster Form und Herkunft (Abb. 23). Da viele dieser Exoten nicht einmal besonders wertvoll waren, dürften sie persönliche Andenken oder Mitbringsel für daheimgebliebene Frauen gewesen sein.

In viel größerer Zahl als solche »Sammlerstücke« liegen in den Gräbern Silbermünzen aus Italien, vermutlich die spärlichen Reste jener immensen Tribute, die den Ungarn von den wohlhabenden Städten, Klöstern und Königen Italiens gezahlt worden sind. Erstaunlich gering ist dagegen der Anteil von Silbermünzen König Heinrichs I., dessen alljährliche Tributzahlungen (926-932) das arme Agrarland Sachsen an den Rand des wirtschaftlichen Ruins gebracht hatten.

Durch ihre Sitte, einen Teil ihres Münzgeldes zu durchlochen, es auf Kleidung oder Zaumzeug zu befestigen und mit ins Grab zu nehmen, unterschieden sich die Ungarn im 10. Jahrhundert von allen anderen Völkern Europas. Gerade diese Münzen, oft eine Kollektion von Prägungen mehrerer Herrscher, sind heute die wichtigsten Hilfsmittel zur Datierung ungarischer Gräber jener Zeit.

Epilog

Die Schrecken der 50-jährigen Ungarneinfälle nach Mittel-, West- und Südeuropa haben dort in der Kunst des 10. Jahrhunderts kaum Spuren hinterlassen. Eine Erinnerung an die Kämpfe christlicher Ritter gegen eine Übermacht von Heiden könnte aber die Darstellung auf einem außergewöhnlichen Beinbeschlag des späten 10. bis frühen 11. Jahrhunderts sein, der 1881 in einem Grab zu Poitiers (Aquitanien) aufgefunden worden war (Abb. 24). Die Funktion dieses Beschlages in Form einer Scheibe mit rechteckigem Fortsatz und einem Dekor aus figürlichen Flachreliefs ist unklar. Da er sich weder als Griffbeschlag eines Dolches noch als Riemenzunge eignet, dürfte er wohl eher der Deckelschmuck einer Ledertasche gewesen sein. Seine große Scheibe enthält die Seitenansicht eines Ritters mit Ringkettenpanzer und kegeligem Helm, der auf seinem Pferd reitet und dabei mit gezückten Schwert gegen einen Drachen mit drei Köpfen über ihm kämpft. Der Drache, dessen drei weit aufgerissene, feuerspeiende Mäuler den Ritter zu töten drohen, galt im Mittelalter als Sinnbild des Heidentums. Vermutlich symbolisierte er jene Streifscharen heidnischer Ungarn, die Aquitanien bis zum Jahre 951 mehrfach überfallen hatten. Denn noch lange nach dem Ende ihrer Beutezüge verglich man die Ungarn mit der vielköpfigen Hydra, der für einen abgeschlagenen Kopf dreißig neue Köpfe wuchsen.

Fundliste 1

Funde ungarischer Waffen in den Regionen westlich der ungarischen Grenzen an Waag und Raab (vgl. Abb. 13)

Die Liste enthält die Fundorte ungarischer Waffen (Schaftdorn-Pfeilspitzen und Säbel) der Verbreitungskarte, die die Autorin schon 2002 in ihrem Aufsatz über die Ungarneinfälle des 10. Jahrhunderts veröffentlicht hatte. Deshalb werden hier nur die ergänzten Neufunde mit einer ausführlichen Literaturangabe versehen. Alle anderen Literaturhinweise finden sich in ihrer älteren Fundliste, die im folgenden als „Liste 2002" abgekürzt wird.

Lesefunde

1 Bad Lostorf, Kt. Solothurn, CH
Fluchtburg Gross Chastel: Pfeilspitze. – Lit.: Liste 2002, Nr. 2.

2 Chur, Kt. Graubünden, CH
Lesefund: Pfeilspitze. – Lit.: B. Zimmermann, Mittelalterliche Geschoßspitzen (Basel 2000) 77 Typ D5-13 Taf. 26.

3 Grimmenstein, Kt. Bern, CH
Aus dem Gelände der spätmittelalterlichen Burg: zwei Pfeilspitzen. – Lit.: B. Zimmermann, Mittelalterliche Geschoßspitzen (Basel 2000) 77 Typ D5-13 FO-Nr. 12 Taf. 26.

4 Schiedberg bei Sagans, Kt. Graubünden, CH
Spornburg: Pfeilspitze. – Lit.: Liste 2002, Nr. 3.

5 Augsburg
Lesefund vom südlichen Stadtrand: Eisensäbel mit goldtauschierter Parierstange. – Verbleib: Archäologische Staatssammlung München (vgl. Abb.11).

6 Bergen-Geyern, Kr. Weißenburg-Gunzenhausen, D
Lesefund: Pfeilspitze. – Lit.: Liste 2002, Nr. 4

7 Berlin - Spandau
Slawischer Burgwall: Pfeilspitze. – Lit.: Liste 2002, Nr. 5.

8 Ehinger Berg, Kr. Donau-Ries
Aus der Burg: drei Pfeilspitzen. – Lit.: Liste 2002, 118 Nr. 7.

9 Eislingen, Kr. Göppingen
Aus einem Gräberfeld: Fragment der Bronzeparierstange eines Säbels. – Lit.: Liste 2002, Nr. 8.

10 Gebesee, Lkr. Erfurt
Aus Grubenhaus eines Klosterhofes: Pfeilspitze. – Lit.: Liste 2002 Nr. 9.

11 Germering, Kr. Fürstenfeldbruck
Lesefund: Pfeilspitze. – Lit.: Liste 2002, Nr. 10.

12 Grünwald, Lkr. München
Aus der sog. Römerschanze: zwei Pfeilspitzen. – Lit.: L. Wamser, »Ad Puoloch« – Dokumentarisches zum historischen Umfeld Pullachs im frühen und hohen Mittelalter. In: 1200 Jahre Pullach i. Isartal 806-2006 (Pullach 2006) 282.

13 Kleiner Gleichberg, Kr. Meiningen
Aus Fluchtburg (?): sechs Pfeilspitzen. – Lit.: Liste 2002, Nr. 11.

14 Kleinbardorf, Kr. Röhn-Grabfeld
Vom Judenhügel: Pfeilspitze. – Lit.: Liste 2002, Nr. 12.

15 Klein Gladebrügge, Kr. Segeberg
Aus slawischem Burgwall: Pfeilspitze. – Lit.: Liste 2002, Nr. 13.

16 Langenzenn-Laubendorf, Kr. Fürth
Lesefund: Pfeilspitze. – Lit.: Liste 2002, Nr. 14.

17 Merseburg, Dom
Angeblich vom Schlachtfeld bei Riade: Pfeilspitze. – Lit.: Liste 2002, Nr. 15.

18 Oberammerthal, Kr. Amberg-Sulzbach
Aus der Vorburg der Schweinfurter Grafenburg: Dornpfeilspitze. – Lit.: P. Ettel, Karlburg – Rosstal – Oberammerthal (Rahden 2001) 177 Taf. 237, 16.

19 Osnabrück
Vom Rand der Domburg: Pfeilspitze. – Lit.: Liste 2002, 118 Nr. 16.

20 Pößneck, Kr. Rudolstadt
Einzelfund: Pfeilspitze. – Lit.. Liste 2002, Nr. 17.

21 Runder Berg bei Urach, Kr. Reutlingen
Aus der Burg: sieben Pfeilspitzen. – Lit.: Liste 2002, Nr. 32.

22 Saalfeld-Obernitz, Kr. Saalfeld
Einzelfund: Pfeilspitze. – Lit.: Liste 2002, Nr. 19.

23 Vöhingen (+), Kr. Ludwigsburg
Lesefund aus der mittelalterlichen Dorfwüstung: Pfeilspitze. – Lit.: Liste 2002, Nr. 23.

24 Weismain-Neudorf, Kr. Lichtenfels
Lesefunde: zwei Pfeilspitzen. – Lit.: Liste 2002, Nr. 24.

25 Wertheim-Urphar, Main-Tauber-Kreis
Aus Bergbefestigung in der Mainschleife: Pfeilspitze. – Lit.: Liste 2002, Nr. 25.

26 Wonsees, Kr. Kulmbach
Lesefund: Pfeilspitze. – Lit.: Liste 2002, Nr. 26.

27 Zeitz, Kr. Zeitz
Siedlungsfund: Pfeilspitze. – Lit.: Liste 2002, Nr. 27.

28 Zierenberg-Laar, Kr. Kassel
Aus der Wallburg bei Laar: Fragment einer Dornpfeilspitze mit rautenförmigem Blatt. – Freundl. Mitteilung von Dr. K. Sippel, Landesamt f. Denkmalpflege. Marburg

29 Bad Deutsch-Altenburg, Niederösterreich, A
Fundstelle »am Stein«: Pfeilspitze. – Lit.: J. Giesler, Der Ostalpenraum vom 8. bis 11. Jahrhundert (Rahden 1997) 479 f. Abb. 83,2.

30 Bei Bad Deutsch-Altenburg, A
Aus dem inneren Wallgraben des römischen Carnuntum: Pfeilspitze. – Lit.: Liste 2002 Nr. 29.

31 Bernhardsthal, VB Mistelbach, A
Lesefund: Pfeilspitze. – Lit.: Liste 2002 Nr. 28.

32 Ernstbrunn, BH Korneuburg, A.
Vom Oberleiserberg: Pfeilspitze. – Liste 2002, Nr. 30.

33 Gars-Thunau am Kamp, Niederösterreich, A
Aus der Burg: mehrere Pfeilspitzen. – Lit.: E. Szameit, Burgwall von Gars-Thunau – frühmittelalterliche fürstliche Residenz und vorstädtisches Handelszentrum. In: H. Brachmann (Hrsg.), Burg – Burgstadt-Stadt (Berlin 1995) 281.

34 Gloggnitz, Niederöstereich, A
Von einem Bergsporn: sechs Pfeilspitzen. – Lit.: R. Felgenhauer-Schmiedt, Niederösterreich im 10. Jahrhundert. Der archäologische Befund. In: Daim u. Lautermann 2006, 258.

35 Kappele ob Jadersdorf, Gem. Gitschtal, A
Befestigungsanlage: zwei Pfeilspitzen. – Lit.: Liste 2002, Nr. 32.

36 Maria Lankowitz, Steiermark, A
Aus der Primaresburg: Pfeilspitze. – Lit.: Liste 2002, Nr. 33.

37 Petzelsdorf, MG Purgstall an der Erlauf, A
Lesefund: Pfeilspitze. – Lit.: Liste 2002, Nr. 35.

38 Pfaffstädt, VB Braunau am Inn, A
Aus dem Burgstall „Siedelberg": vier Pfeilspitzen. – Lit.: A. Pollack, Fundber. Österr. 43, 2004, 661 ff. Abb. 10.

39 Raabs an der Thaya, Niederösterreich, A
Aus der Burg Sand: Mehrere Pfeilspitzen. – Lit.: S. Felgenhauer-Schmiedt, Niederösterreich im 10. Jahrhundert. Der archäologische Befund. In: Daim u. Lautermann 2006, 253 ff. Abb. 9.

40 Ringelsdorf, VB Gänserndorf, A
Lesefunde: zwei Pfeilspitzen. – Lit.: Liste 2002 Nr. 35.

41 Stillfried an der March, nördl. Niederösterreich
Mehrere Pfeilspitzen. – Lit.: S. Felgenhauer-Schmiedt in: H. Feigl (Hrsg.), Mittelalterliche Wüstungen in Niederösterreich (1983), 122 ff. Taf. 7,4.5. – Dies. in: Daim u. Lautermann 2006, 259.

42 Tillmitsch, Steiermark, A
Burganlage: Pfeilspitze. – Lit.: Liste 2002, Nr. 37.

43 Břeclav-Pohansko, Bez. Břeclav, Mähren,CZ
Aus dem Gelände des Herrenhofes: zahlreiche Pfeilspitzen. – Lit.: Liste 2002, Nr. 39.

44 Budeč, Böhmen, CZ
Aus dem Burgwall: Pfeilspitze. – Lit.: Liste 2002, Nr. 40.

45 Hradec bei Němětice, Bez. Strakonice, CZ
Aus dem Burgwall: zahlreiche Pfeilspitzen. – Lit.: J. Michálek u. M. Lutovský, Hradec u Němětic (Strakonice-Praha 2000) 203 ff. Abb. 79 Fotoabb. 56 Taf. 25,1.4; 59,17; 68,4; 135, 1.13; 136,4-5; 148,1; 156,6; 157,5.10-12;192, 6-8.

46 Libice nad Cidlinou, Böhmen, CZ
Aus dem Burgwall: Parierstange eines Säbels und beinerne Mittelplatte eines Reflexbogens. – Lit.: M. Takács, Siedlungsgeschichtliche Auswertung. In: Daim u. Lautermann 2006, 227.

47 Mikulčice, Bez. Hodonin, Mähren CZ
Aus dem Burgstall Valy: Parierstange eines Säbels, mehrere Pfeilspitzen. – Lit.: Liste 2002, Nr. 41.

48 Olomouc (Olmütz), Mähren, CZ
Aus dem Burgwall: Pfeilspitzen. – Lit.: J. Bláha, Archeologické poznatky vývoji a významu Olomouce v období Velkomoravská říše. In: L. Galuška, P. Kouřil u. Z. Měřinský (Hrsg.), Velká Morava mezi východem a západem. Großmähren zwischen West und Ost (Brno 2001) 41 ff. Abb. 11, 4. 9.

49 Staré Město, Bez. Uherské Hradiště, CZ
Metalldepotfund: zwei Pfeilspitzen. – Lit.: Liste 2002, Nr. 43.

50 Strachotin, Bez. Bfieclav, CZ
Aus dem Burgwall: 14 Pfeilspitzen. – Lit.: Liste 2002, Nr. 44.

51 Bratislava-Devin, SK
Burgberg: Pfeilspitze. – Lit.: Liste 2002, Nr. 49.

52 Sv. Jur bei Bratislava, SK
Aus dem Burgwall Neštich: drei Pfeilspitzen. – Lit.: V. Turčan, Zbornik Slovenského Národného Múzea XCIV, 2000, 123 ff. Taf. II,16 IV, 8.16.

53 Mihovo, Slowenien
Aus spätrömischer Befestigung Zidani gaber: Pfeilspitze. – Lit. Liste 2002 Nr. 38.

54 Ibligo Invillino, Friaul, I
Aus der Befestigung: Pfeilspitze. – Lit.: Liste 2002, Nr. 68.

55 Pellio Intelvi, Prov. Como, I
Aus der Befestigungsanlage: Pfeilspitze. – Lit.: R. Caimi, M. Uboldi u. E. A. Arslan in: G. P. Brogliolo (Hrsg.), Dai Celti ai castelli medievali richerche archeologiche tra Benaco e Lario. Documenti di Archeologia 24 (2001) 142 f. Abb. 14.

Grabfunde

1 Aspres-lès-Corps, Dép. Hautes-Alpes, F
Kriegergrab: Säbel und Pfeilspitzen. – Lit.: Liste 2002, Nr. 1.
2 Bietigheim, Kr. Ludwigsburg
Männergrab mit Pfeilspitze. – Lit.: Liste 2002, Nr. 6.
3 Ehinger Berg, Kr. Donau-Ries
Männergrab mit Pfeilspitze. – Lit.: Liste 2002, Nr. 7.
4 Gnadendorf, Niederösterreich, A
Kriegergrab: Säbel. – Lit.: Daim u. Lautermann 2006.
5 Lanzenkirchen, Niederösterreich
Kriegergrab: Köcher mit Pfeilspitzen. – Lit.: F. Daim in, Daim 2006, 269 ff. Abb. 2.
6 Brankovice, Mähren, CZ
Männergrab mit Pfeilspitze. – Lit.: Drozdová, Parma u. Unger 2005, 170 Abb. 3-7.
7 Břeclav - Pohansko, Mähren, CZ
Zwei Männergräber mit Pfeilspitzen. – Lit.: Liste 2002, Nr. 39.
8 Těšov, Mähren, CZ
Drei Männergräber mit Pfeilspitzen. – Lit.: Liste 2002, Nr. 45.
9 Smolenice, Slowakei, SK
Frauengrab mit Pfeilspitze. – Lit.: Liste 2002, Nr. 53.

Fundliste 2

Gräber von Teilnehmern und Opfern der Ungarneinfälle (899–955) (vgl. Abb. 17)

Gräber ungarischer Krieger außerhalb Ungarns

Belegt durch archäologische Funde

1 Aspres-lès-Corps, Dép. Hautes-Alpes, F.
Kriegergrab mit Beigaben. – Lit.: Schulze 1984, 473 ff. Abb. 2.
2 Schlat, Kr. Göppingen
Reitergrab: ein Paar birnförmiger Eisensteigbügel, tordierte Eisentrense. – Lit.: Schulze 1984, 486 Abb. 12. – T. Kind in: M. Puhle (Hrsg.), Otto der Große, Magdeburg und Europa. Kat. Magdeburg 2 (Mainz 2001) 253 Nr. IV.46.
3 Inningen, Stadt Augsburg
Runde Grube mit sieben wirr ineinander gepackten, menschlichen Skeletten ohne Beigaben, eventuell Massengrab von gefallenen Ungarn? – Lit.: Eberl 1955, 60.
4 Lanzenkirchen bei Wiener Neustadt, A
Reitergrab mit Beigaben. – Lit.: F. Daim, Das frühungarische Reitergrab in Lanzenkirchen, Niederösterreich. In: F. Daim u. E. Lauermann, Das frühungarische Reitergrab von Gnadendorf (Niederösterreich). Monogr. RGZM 64 (Mainz 2006) 269-272 Abb. 2-5.
5 Gnadendorf, bei. Mistelbach, A
Kriegergrab mit Beigaben. – Lit.: B. Tobias in: F. Daim u. E. Lautermann (Hrsg.), Das frühungarische Reitergrab von Gnadendorf (Niederösterreich). Monogr. RGZM 64 (Mainz 2006) Farbtaf. I-VIII.

Bezeugt durch schriftliche Quellen

6 Burg Ebersberg, Bayern
Grube mit den beigabenlosen Leichen von Ungarn, die nach der Schlacht auf dem Lechfeld gefangen und ermordet worden sind. – Lit.: Spitzlberger 1967, 127.
7 Regensburg
Hinrichtungsort des Ungarnkönigs Bulcsú sowie der zwei ungarischen Fürsten Sur und Lele. – Lit.: Eberl 1955, 32. 47. – Kellner 1997, 173.
8 Wels, Oberösterreich, A
Auf der Welser Heide: Grabhügel mit den Massengräbern jener Ungarn, die in der Schlacht am 12. August 943 gefallen waren. – Lit.: A. Hauck, Kirchengeschichte Deutschlands Teil 3 (9. Aufl. Berlin 1958) 152.

Gräber von Opfern ungarischer Angriffe

Belegt durch archäologische Funde

9 Abtei Murbach, Elsass, F
Sarkophag mit den Gebeinen von acht Mönchen, die 926 von Ungarn getötet worden sind. – Lit.: Kellner 1997, Abb. 7.
10 Bietigheim, Kr. Ludwigsburg, D
In einer römischen Ruine eine Grube, in die zwei getötete Männer übereinander hineingelegt worden sind. – Lit.: I. Stork u. J.Wahl, Eine Doppelbestattung aus Bietigheim, Kreis Ludwigsburg, als Beleg für die Ungarneinfälle des 10. Jahrhunderts. Fundber. Baden-Württ. 13, 1988, 741 ff. Abb. 5.
11 Ehinger Berg, Kr. Donau-Ries, D
Männergrab 2/1929 mit ungarischer Pfeilspitze in der Vorburg. Eventuell auch die flüchtige Bestattung eines beigabenlosen Mannes am Mauerfuß, der nur mit einer Tür abgedeckt worden war. – Lit.: Berger 1194, 72f. – Schulze-Dörrlamm 2002, 111 Abb. 2,5. – F.-R. Herrmann, Eine Notgrabung am Wall auf der Kuppe des Hesselberges (Ehinger Berg) im Jahre 1972. Bayer. Vorgeschichtsbl. 39, 1974, 64 ff. Abb. 7.
12 Gars-Thunau am Kamp, A
Neben der Burgkirche das notdürftige Grab eines durch Säbelhiebe getöteten Mannes; in der Burg eine Speichergrube, in die eine Frau und Kind hineingeworfen worden sind; in der Vorburg eine flache Grube, in der eine verbrannte Frau verscharrt wurde. – Lit.: E. Szameit, Gars-Thunau – frühmittelalterliche fürstliche Residenz und vorstädtisches Handelszentrum. In: H. Brachmann (Hrsg.), Burg – Burgstadt – Stadt. Zur Genese mittelalterlicher nichtagrarischer Zentren in Ostmitteleuropa (Berlin 1995) 274-282.
13 Břeclav-Pohansko, Mähren, CZ
Im befestigten Herrenhog Männergräber 20 und 275 bei der Kirche. – Lit.: F. Kalousek, Břeclav-Pohansko I (Brno 1971) 36.159 Abb. 20. 275. – Schulze-Dörrlamm 2002, 111 Abb. 2, 2-3.
14 Brankovice, Mähren, (CZ)
In einer Siedlungsgrube das beigabenlose Massengrab von vier teils 30-35 Jahre teils 45-55 Jahre alten Männern (einer davon mit einer ungarischen Schaftdornpfeilspitze im Becken). – Lit.: Drozdová, Parma u. Unger 2005, 170 Abb. 3-7.
15 Těšov, Bez. Uherské Sady, CZ
Männergräber 1 bis 3. – Lit.: Schulze-Dörrlamm 2002, 111 Fundliste Nr. 45.
16 Smolenice, Bez. Trnava, SK
Frauengrab 55. – Lit.: Schulze-Dörrlamm 2002, 111 Fundliste Nr. 53.

Bezeugt durch schriftliche Quellen

17 Worms, Dom
Grab von Herzog Konrad dem Roten von Lothringen († 10. 8. 955). – Lit.: Eberl 1955, 17. – R. Kautzsch, Der Dom zu Worms (Berlin 1938) 346 f. Nr. 18.
18 St. Gallen, Klause St. Mang
Die hl. Wiborada wird von Ungarn erschlagen († 2. 5. 926). – Lit.: Lüttich 1910, 74 f. – Kellner 1997, 43 f.
19 Déols, Aquitanien
Ebbo, Stifter des Klosters Déols, verliert 937 im Kampf mit den Ungarn das Leben und wird in der Kirche des hl. Anianus bestattet. – Lit.: Lüttich 1910, 85. 92.
20 Pavia
Am 12. März 924 wird Bischof Johannes von Pavia – gemeinsam mit dem zufällig anwesenden Bischof Ragamfrid von Vercelli – in Pavia von Ungarn getötet. – Lit.: Lüttich 1910, 129 f.
21 Rom
Römische Adelige, die 942 im Kampf gegen die Ungarn fielen, wurden in der Kirche S. Giovanni begraben. – Lit.: Lüttich 1910, 137.
22 Vercelli
Am. 24. Juni 900 wird der Bischof Liutward von Vercelli von den Ungarn erschlagen bei seinem Versuch, mit reichen Schätzen zu fliehen. – Lit.: Lüttich 1910, 121. – Kellner 1997, 20.

Bibliographie

Einführende Literatur

Das frühungarische Kriegergrab von Gnadendorf, Niederösterreich

Das »*Heldengrab*« von Gnadendorf wurde in einem umfangreichen Sammelband vorgestellt und ausgewertet:
F. Daim u. E. Lauermann (Hrsg.), Das frühungarische Reitergrab von Gnadendorf (Niederösterreich). Monographien des Römisch-Germanischen Zentralmuseums 64 (Mainz 2006). Mit der Bestattung und den Funden daraus beschäftigen sich folgende Beiträge:

B. Tobias, Katalog der Fundgegenstände, 5-28.
D. Pany, M. Teschler-Nicola, Th. Prohaska u. M. Kucera, Anthropologsiche Analyse, 29-67.
B. Csány, E. Bogácsi-Szabó, Gy. Tömöry, T. Kalmár, Á. Czibula u. I. Raskó, Genetische Analyse der Skelettreste, 69-73.
E. Pucher, Das Pferd, 75-82.
G. K. Kunst, Hautreste eines Knorpelfisches, 83-91.
N. Müllauer, Die Textilien, 93-98.
W. Hahn, Die Münzen, 99-106.
P. Stadler, Radiocarbondatierungen von Skelettproben aus Gnadendorf und von Vergleichsfunden, 107-118.
L. Révész, Auswertung der Funde, 119-159.
M. Mehofer, Metallurgische Untersuchungen am Säbel, 159-173.
B. Bühler, Studien zur Herstellungstechnik der gegossenen Gürtel- und Säbelbeschläge, 175-180.
M. Mehofer u. S. Greiff, Archäometrische Untersuchungen an Metallgegenständen, 181-188.
L. Révész, Zur absoluten Datierung frühungarischer Gräber. Archäologische Datierung – naturwissenschaftliche Datierung, 189-210.
M. Takács, Siedlungsgeschichtliche Auswertung, 211-272.
K. Brunner, Bridging a dark age – Szenarien zum historischen Hintergrund. Mit zwei Karten von R. Zehetmayer, 273-279.
F. Daim, Der frühungarische Jüngling von Gnadendorf und die Folgen – Der Blickwinkel der Archäologie, 281-294.

D. Pany u. M. Teschler-Nicola, Klippel-Feil Syndrome in an Early Hungarian Period juvenile skeleton from Austria. International Journal of Osteoarchaeology (im Druck 2006)

Ungarn und der Westen vom 9. bis zum 11. Jahrhundert (Geschichte)

Cs. Bálint, Das Karpatenbecken von der Landnahme bis zur Staatsgründung. In: A. Wieczorek u. H.-M. Hinz (Hrsg.), Europas Mitte um 1000. Kat. Mannheim 2 (Stuttgart 2000) 555-563.
K. Brunner, Herzogtümer und Marken: Vom Ungarnsturm bis ins 12. Jahrhundert. In: H. Wolfram (Hrsg.), Österreichische Geschichte 1. Von der Urgeschichte bis zum Hochmittelalter 907-1156 (Wien 1994).
H. Büttner, Die Ungarn, das Reich und Europa bis zur Lechfeldschlacht des Jahres 955. Zeitschr. Bayer. Landesgesch. 19, 1956, 433-458.
Gy. Györffy, Der Donauraum zwischen Bayern, Mähren und Ungarn im 10. Jahrhundert. In: W. Katzinger (Red.), Baiern, Ungarn und Slawen im Donauraum. Forschungen zur Geschichte der Städte u. Märkte Österreichs 4 (Linz 1991) 41-54.
Gy. Györffy, Die Landnahme der Ungarn aus historischer Sicht. In: M. Müller-Wille u. R. Schneider (Hrsg.), Ausgewählte Probleme der europäischen Landnahmen des Früh- und Hochmittelalters. Vorträge u. Forschungen 41 (Sigmaringen 1994) 67-79.
R. Hiestand, Pressburg 907 – Eine Wende in der Geschichte des ostfränkischen Reiches. Zeitschr. Bayer. Landesgesch. 57, 1994, 1-20.
W. Katzinger (Red.), Baiern, Ungarn und Slawen im Donauraum. Forschungen zur Geschichte der Städte und Märkte Österreichs 4 (Linz 1991).
K. Leyser, Medieval Germany and its Neighbours 900-1250 (London 1982).
C. A. Macartney, Geschichte Ungarns (Stuttgart-Berlin-Köln-Mainz 1971).
Popoli delle steppe: Unni, Avari, Ungari. Settimane di Studio del Centro italiano di Studi sull' Alto Medioevo 35 (Spoleto 1988).
M. Springer, 955 als Zeitenwende – Otto I. und die Lechfeldschlacht. In: M. Puhle (Hrsg.), Otto der Große, Magdeburg und Europa. Kat. Magdeburg 1 (Mainz 2001) 199-208.
H. Wolfram, Die Geburt Mitteleuropas. Geschichte Österreichs vor seiner Entstehung 378-907 (Wien 1987).
H. Wolfram, Grenzen und Räume: Geschichte Österreichs vor seiner Entstehung. In: H. Wolfram (Hrsg.) , Österreichische Geschichte 1. Von der Urgeschichte bis zum Hochmittelalter 378-907 (Wien 1995).
R. Zehetmayer, Grundzüge der Besiedlungs- und Herrschaftsgeschichte des Weinviertels im Mittelalter. In: G. Reichhalter u. K. u. Th. Kühtreiber (Hrsg.), Burgen Weinviertel (Wien 2005) 13-19.

Archäologie der Ungarn bis zum Ende des 10. Jahrhunderts

Cs. Bálint, Die Archäologie der Steppe. Steppenvölker zwischen Volga und Donau vom 6. bis zum 10. Jahrhundert (Wien-Köln 1989).
Cs. Bálint, Südungarn im 10. Jahrhundert. Studia Archaeologica 10 (Budapest 1991)
D. Bialeková u. J. Zábojnik (Hrsg.), Ethnische und kulturelle Verhältnisse an der mittleren Donau vom 6. bis zum 11. Jahrhundert. Symposium Nitra 6. bis 10. November 1994 (Bratislava 1996).
I. Bona, Die Archäologie in Ungarn und die ungarische Landnahme. Acta Archaeologica Budapest 49, 1997, 345-362.
I. Bona, Die ungarische Kampftechnik in den Feldzügen gegen Europa. In: A. Wieczorek u. H.-M. Hinz (Hrsg.), Europas Mitte um 1000. Kat. Mannheim 1 (Stuttgart 2000) 225-230.
V. Budinský-Krička u. N. Fettich, Das altungarische Fürstengrab von Zemplín. Arch. Slovaca Monogr. 2 (Bratislava 1973).
C. Cosma, Gräberfelder, Einzelgräber und Grabfunde unsicheren Charakters aus dem 9.-10. Jahrhundert im Westen und Nordwesten Rumäniens. In: Studia archaeologica et historica Nicolao Gudea Dicata (Zalau 2001) 499-564.
E. Dąbrowska, Éléments hongrois dans les trouvailles archéologiques au Nord des Karpates. Acta Arch. Acad. Scient. Hungaricae 31, 1979, 341-356.
I. Dienes, Die Ungarn um die Zeit der Landnahme (Budapest 1972).
N. Fettich, Die altungarische Kunst (Berlin 1942).
N. Fettich, A honfoglaló magyarság fémıvessége (Die Metallkunst der landnehmenden Ungarn). Arch. Hungarica 21 (Budapest 1937).
U. Fiedler, Zur Datierung der Siedlungen der Awaren und der Ungarn nach der Landnahme. Ein Beitrag zur Zuordnung der Siedlung von Eperjes. Zeitschr. f. Arch. 28, 1994, 307-352.
I. Fodor, Die große Wanderung der Ungarn vom Ural nach Pannonien (2. Aufl. Budapest 1982).
I. Fodor, M. Wolf, L. Révész u. I. M. Nepper (Hrsg.), The ancient Hungarians. Kat. Budapest (Budapest 1996).
E. Gáll, Burial customs in the 10th-11th centuries in Transylvania, Criflana and Banat. Dacia 48-49, 2004-2005, 335-454.
J. Hampel, Alterthümer des frühen Mittelalters in Ungarn 1-3 (Braunschweig 1905).
J. Henning (Hrsg.), Europa im 10. Jahrhundert. Archäologie einer Aufbruchszeit. Internationale Tagung in Vorbereitung der Ausstellung »Otto der Große, Magdeburg und Europa« (Mainz 2002).
W. Jahn, Ch. Lankes, W. Petz u. E. Brockhoff (Hrsg.), Bayern – Ungarn: Tausend Jahre. Veröff. Bayer. Gesch. u. Kultur 43. Kat. Passau (München 2001).
A. Kiss, Studien zur Archäologie der Ungarn im 10. und 11. Jahrhundert. In: H. Friesinger u. F. Daim (Hrsg.), Die Bayern und ihre Nachbarn (Wien 1985) 217-389.
L. Kovács, Die Waffen der landnehmenden Ungarn (Säbel, Kampfäxte, Lanzen). Mitt. Arch. Inst. Ungar. Akad. Wiss. 10/11, 1980/81, 246-255.
K. Mesterházy, Die Landnahme der Ungarn aus archäologischer Sicht. In: M. Müller-Wille u. R. Schneider (Hrsg.), Ausgewählte Probleme europäischer Landnahmen des Früh– und Hochmittelalters: Methodische Grundlagendiskussion im Grenzbereich zwischen Archäologie und Geschichte 2. Vorträge und Forschungen 41 (Sigmaringen 1994) 23-65.
R. Prien, Archäologie und Migration. Universitätsforschungen zur prähistorischen Archäologie 120 (Bonn 2005) 139-152.

L. Révész, The archaeological heritage of the ancient Hungarians. In: I. Fodor u. a. (Hrsg.), Ancient Hungarians 37-56.
L. Révész, A Karosi honfoglalás kori temetők: Régészeti adatok a Felső-Tisza-vidék X. századi történetéhez (Die Gräberfelder von Karos aus der Landnahmezeit. Archäologische Angaben zur Geschichte des oberen Theißgebietes im 10. Jahrhundert) (Miskolc 1996).
L. Révész, Archäologische Forschungen zur Landnahmezeit in Ungarn. In: J. Henning (Hrsg.), Europa im 10. Jahrhundert, Archäologie einer Aufbruchszeit (Mainz 2000) 123-130.
A. Róna-Tas, Hungarians and Europe in the Early Middle Ages (Budapest 1999).
A. Ruttkay, Waffen und Reiterausrüstung des 9. bis zur ersten Hälfte des 14. Jahrhunderts in der Slowakei. Teil I: Slovenská Arch. 23-1, 1975, 119-216; Teil II: Slovenská Arch. 24-2, 1976, 245-395.
A. Ruttkay, Besiedlungsstruktur und Geschichte des Gebietes der Slowakei im 9.-12. Jahrhundert. In: W. Katzinger (Red.), Baiern, Ungarn und Slawen im Donauraum. Forschungen zur Geschichte der Städte und Märkte Österreichs 4 (Linz 1991) 139-159.
M. Schulze-Dörrlamm, Untersuchungen zur Herkunft der Ungarn und zum Beginn ihrer Landnahme im Karpatenbecken. Jahrb. RGZM 35, 1988, 373-478.
V. Spinei, The Great Migrations in the East and South of Europe from the Ninth to the Thirteenth Century (Cluj-Napoca 2003)13-91.
E. Szameit, Ungarische Reiter der Landnahmezeit. In: M. Puhle (Hrsg.), Otto der Große, Magdeburg und Europa. Kat. Magdeburg 2 (Mainz 2001) 245-246.
M. Takács, Ungarn als südlicher Nachbar von Polen an der Wende des 1. und 2. Jahrtausends: Die Lebensform der Ungarn im Spiegel der schriftlichen und archäologischen Quellen. In: P. Urbańczyk (Hrsg.); The Neighbours of Poland in the 10th Century (Warszawa 2000) 151-191.
M. Takács, Die arpadenzeitlichen Tonkessel im Karpatenbecken (Budapest 1986).
A. Točík, Altmagyarische Gräberfelder in der Südwestslowakei (Bratislava 1968).
A. Wieczorek u. H.-M. Hinz (Hrsg.), Europas Mitte um 1000, Beiträge zur Geschichte Kunst und Archäologie 1-3. Kat. Mannheim (Stuttgart 2000).

Die Archäologie des 10. Jahrhunderts im heutigen Niederösterreich

F. Daim, Ein frühungarisches Reitergrab in Lanzenkirchen, Niederösterreich. In: F. Daim u. E. Lauermann (Hrsg.), Das frühungarische Reitergrab von Gnadendorf (Niederösterreich). Monogr. RGZM 64 (Mainz 2006) 269- 272.
S. Felgenhauer-Schmiedt, Graphittonkeramik des Früh- und Hochmittelalters in Niederösterreich. In: L. Poláček (Hrsg.), Frühmittelalterliche Graphittonkeramik in Mitteleuropa. Internationale Tagungen in Mikulčice 4 (Brno 1998) 199-212.
S. Felgenhauer-Schmiedt, Herrschaftszentren und Burgenbau des 10. Jahrhunderts in Niederösterreich. Neue archäologische Forschungen im nördlichen Grenzgebiet. In: J. Henning (Hrsg.), Europa im 10. Jahrhundert (Mainz 2002) 381-396.
S. Felgenhauer-Schmiedt, Niederösterreich im 10. Jahrhundert – Der archäologische Befund. In: F. Daim u. E. Lauermann (Hrsg.), Das frühungarische Reitergrab von Gnadendorf (Niederösterreich) (Mainz 2006) 253-267.
H. Friesinger, Beiträge zur Besiedlungsgeschichte des nördlichen Niederösterreich im 9.-11. Jahrhundert. Arch. Austriaca 37, 1965, 79-114.
H. Friesinger, Studien zur Archäologie der Slawen in Niederösterreich. Mitt. Prähist. Komm. Österr. Akad. Wiss. 15/16 (Wien 1971/1974).
H. Friesinger, Die Slawen in Niederösterreich. Wiss. Schriftenr. Niederösterr. 15 (St. Pölten-Wien 1976).
H. Friesinger u. I. Friesinger, Ein Vierteljahrhundert Grabungen in Thurnau / Gars am Kamp. Arch. Österreich 2/1, 1991, 6-22.
H. Friesinger u. B. Vacha, Die vielen Väter Österreichs. Römer – Germanen – Slawen. Eine Spurensuche (Wien 1987).
E. Pucher u. M. Schmitzberger, Archäozoologische Ergebnisse von der Burg auf der Flur Sand bei Raabs an der Thaya, Niederösterreich. Beitr. Mittelalterarch. Österreich 15, 1999, 111-122.
E. Szameit, Zum frühmittelalterlichen Burgwall von Gars-Thunau. In: J. Henning u. A. Ruttkay (Hrsg.), Frühmittelalterlicher Burgenbau in Mittel- und Osteuropa (Bonn 1998) 71-78.
E. Szameit, Gars-Thunau – frühmittelalterliche fürstliche Residenz und vorstädtisches Handelszentrum. In: H. Brachmann (Hrsg.), Burg – Burgstadt – Stadt: Zur Genese mittelalterlicher nichtagrarischer Zentren in Ostmitteleuropa. Forsch. Gesch. u. Kultur östl. Mitteleuropa (Berlin 1995) 274-282.

Geschichte der Ungarneinfälle

J. Duft, Die Ungarn in Sankt Gallen. Bibliotheca Sangallensia 1 (Zürich 1957).
B. Eberl, Die Ungarnschlacht auf dem Lechfeld (Gunzenlê) im Jahre 955 (Basel 1955).
G. Fasoli, Points de vue sur les incursions hongroises en Europe au Xe siècle. Cahiers de Civilisation médiévale Xe-XIIe Siècles 2, 1959, 17-35.
J. Giesler, Der Ostalpenraum vom 8. bis 11. Jahrhundert. Studien zu archäologischen und schriftlichen Zeugnissen. Teil 2: Historische Interpretation (Rahden 1997) 55-76.
A. d'Haenens, Les incursions hongroises dans l'espace belge (954/955). Cahiers de Civilisation médiévale Xe-XIIe Siècles 4, 1961, 423-440.
M. G. Kellner, Die Ungarneinfälle im Bild der Quellen bis 1150. Von der »Gens detestanda« zur »Gens ad fidem Christi conversa«. Studia Hungarica 46 (München 1997).
R. Lüttich, Ungarnzüge in Europa im 10. Jahrhundert (Berlin 1910; Nachdruck Vaduz 1965).
Sz. de Vajay, Der Eintritt des ungarischen Stämmebundes in die europäische Geschichte (862-933). Studia Hungarica 4 (Mainz 1968).

Archäologische Spuren der Ungarneinfälle

E. Drozdová, D. Parma u. J. Unger, A mass grave of victims of a Slavic / Magyar conflict in the 9th –10th century at Brankovice (Moravia). Archeologické Rozhledy 57/1, 2005, 167-179.
U. Koch, Die Metallfunde der frühgeschichtlichen Perioden aus den Plangrabungen 1967-1981. Der Runde Berg bei Urach V (Heidelberg1984) 107-108.
D. Kramer, Probleme der Frühgeschichte des Landes Steiermark. Archäologie Österreichs 7, 1996, 58-66.
Z. Měřinský, Morava v 10. stoleti ve světle archeologických nálezů (Mähren im 10. Jahrhundert im Lichte der archäologischen Funde). Památky Arch. 77-1, 1986, 18-80.
W. Sage, Auswirkungen der Ungarnkriege in Altbayern und ihr archäologischer Nachweis. Jahresber. Stiftung Aventinum 4, 1989 (Abensberg 1990) 5-35.
M. Schulze, Das ungarische Kriegergrab von Aspres-lès-Corps. Untersuchungen zu den Ungarneinfällen nach Mittel-, West- und Südeuropa (899 - 955 n. Chr.). Jahrb. RGZM 31, 1984, 473-501.
M. Schulze-Dörrlamm, Die Ungarneinfälle des 10. Jahrhunderts im Spiegel archäologischer Funde. In: J. Henning (Hrsg.), Europa im 10. Jahrhundert. Archäologie einer Aufbruchszeit (Mainz 2002) 109-122.
I. Stork u. J. Wahl, Eine Doppelbestattung aus Bietigheim, Kreis Ludwigsburg, als Beleg der Ungarneinfälle des 10. Jahrhunderts. Fundber. Baden-Württ. 13, 1988, 741-753.
G. Spitzlberger, Aus der Vor- und Frühzeit Südbayerns (Landshut 1967) 86-130.

Zur Münzchronologie ungarischer Gräber

J. Giesler, Untersuchungen zur Chronologie der Bijelo-Brdo Kultur. Praehist. Zeitschr. 56, 1981, 3-167.
L. Kovács, Münzen aus der ungarischen Landnahmezeit (Budapest 1989).
M. Schulze, Zur Münzchronologie altungarischer Gräber. Jahrb. RGZM 31, 1984, 501-505.
M. Schulze-Dörrlamm, Untersuchungen zur Herkunft der Ungarn und zum Beginn ihrer Landnahme im Karpatenbecken. Jahrb. RGZM 35, 1988, 373-478.

Münzschatzfunde der ersten Hälfte des 10. Jahrhunderts

J. Graham-Campbell, A Pare of inscibed Anglo-Saxon hooked tags from the Rome (Forum) 1883 hoard. In: Anglo-Saxon England 20 (Cambridge 1991) 221-229.

B. Overbeck u. K. Bierbrauer, Der Schatzfund von Ilanz 1811. Archäologie der Schweiz 2, 1979, 119-125.

D. Wilson u. R. L. S. Bruce-Mitford, Anglo-Saxon Metalwork 700-1100. Kat. British Museum (London 1964) 164 Nr. 64.

Burgenbau der ersten Hälfte des 10. Jahrhunderts im Ostfränkischen Reich

A. Berger, Der Hesselberg, Funde und Ausgrabungen bis 1985 (Kallmünz 1994) 77-81.

A. Boos, S. Codreanu-Windauer u. E. Wintergerst, Regensburg zwischen Antike und Mittelalter. In: M. Angerer u. H. Wanderwitz (Hrsg.), Regensburg im Mittelalter (Regensburg 1995) 31-44.

M. Dumitrache, G. Kurz, G. Legant u. D. Schmid, Der lange Weg zur Stadt. Neuer Blickwinkel der Archäologie zur Stadtgründung Ulms. Denkmalpflege in Baden-Württemberg 35, 2006, 28-37.

P. Ettel, Karlburg – Rosstal – Oberammerthal. Studien zum frühmittelalterlichen Burgenbau in Nordostbayern (Rahden 2001).

P. Ettel, Der Befestigungsbau im 10. Jahrhundert im süddeutschen Raum. In: J. Henning (Hrsg.), Europa im 10. Jahrhundert, Archäologie einer Aufbruchszeit (Mainz 2002) 365-379.

H.-W. Heine, Frühmittelalterliche Burgen in Niedersachsen. In: J. Henning u. A. Ruttkay (Hrsg.), Frühmittelalterlicher Burgenbau in Mittel- und Osteuropa (Bonn 1998) 137-149.

H. Jäschke, Burgenbau und Landesverteidigung um 900. Vorträge und Forschungen Sonderband 16 (Sigmaringen 1975).

H. Jankuhn, »Heinrichsburgen« und Königspfalzen. In: Deutsche Königspfalzen, Beiträge zu ihrer historischen und archäologischen Erforschung 2 (Göttingen 1965) 61-69.

K.-H. Rieder, Eichstätt. In: Führer zu archäologischen Denkmälern in Deutschland 15 (Stuttgart 1987) 36-45.

K. Schwarz, Der frühmittelalterliche Landesausbau in Nordost-Bayern archäologisch gesehen. In: Ausgrabungen in Deutschland gefördert von der Deutschen Forschungsgemeinschaft. Teil 2. Monographien RGZM 1,2 (Mainz 1975) 338-409, Beilage 40.

R. von Uslar, Studien zu frühgeschichtlichen Befestigungen zwischen Nordsee und Alpen. Beih. Bonner Jahrb. 11 (Köln-Graz 1964) 161-165.

Abbildungsnachweis

Vorwort
Photo F. Daim.

Beitrag Révész
Abb. 1 Entwurf: M. Schulze-Dörrlamm. Zeichnung: M. Ober, RGZM.
Abb. 2 Ungarisches Nationalmuseum Budapest.
Abb. 3-9 Photo V. Iserhardt, RGZM.
Abb. 10-11 nach L. Kóvács in: Wieczorek u. Hinz 2000, Bd. 2, 902 Abb. 545-546.

Beitrag Takácz
Abb. 1; 3 Photo V. Iserhardt, RGZM.
Abb. 2 Ungarisches Nationalmuseum Budapest.
Abb. 4; 9 Cs. Bálint, Archäologie der Steppe (Wien 1989) Abb. 106, 4; 113, 1-2.
Abb. 5-6 H. Friesinger u. B. Vacha, Die vielen Väter Österreichs (Wien 1987) 138 ; 149.
Abb. 7-8 S. Felgenhauer-Schmiedt in: F. Daim u. E. Lauermann (Hrsg.), Das frühungarische Reitergrab von Gnadendorf (Niederösterreich) (Mainz 2006) 265 Abb. 7; 9.

Beitrag Daim
Abb. 1 Photo E. Lauermann.
Abb. 2 Zeichnung Franz Drost.
Abb. 3 P. Stadler, in: F. Daim u. E. Lauermann (Hrsg.), Das frühungarische Reitergrab von Gnadendorf (Niederösterreich) (Mainz 2006) 108 f. Abb. 2-4.
Abb. 4 E. Pucher, in: F. Daim u. E. Lauermann (Hrsg.), Das frühungarische Reitergrab von Gnadendorf (Niederösterreich) (Mainz 2006) 82 Abb. 1-3.
Abb. 5-6 G. K. Kunst, in: F. Daim u. E. Lauermann (Hrsg.), Das frühungarische Reitergrab von Gnadendorf (Niederösterreich) (Mainz 2006) 83 Abb. 1-2; 89 Abb. 8-9.
Abb. 7: N. Müllauer, in: F. Daim u. E. Lauermann (Hrsg.), Das frühungarische Reitergrab von Gnadendorf (Niederösterreich) (Mainz 2006) 94 Abb. 1; 95 Abb. 2.
Abb. 8 W. Hahn, in: F. Daim u. E. Lauermann (Hrsg.), Das frühungarische Reitergrab von Gnadendorf (Niederösterreich) (Mainz 2006) 101 ff. Nr. 1-11 Avers.
Abb. 9-15 B. Tobias, in: F. Daim u. E. Lauermann (Hrsg.), Das frühungarische Reitergrab von Gnadendorf (Niederösterreich) (Mainz 2006) 21 Farbtaf. I; 23-25 Farbtaf. III-V.
Abb. 16 M. Mehofer, in: F. Daim u. E. Lauermann (Hrsg.), Das frühungarische Reitergrab von Gnadendorf (Niederösterreich) (Mainz 2006) 162 Abb. 1A; 163 Abb. 2.
Abb. 17 Graphik: M. Ober, RGZM
Abb. 18, 19 B. Tobias, in: F. Daim u. E. Lauermann (Hrsg.), Das frühungarische Reitergrab von Gnadendorf (Niederösterreich) (Mainz 2006) 22 Farbtaf. II, 1. 4-5.
Abb. 20 Photo Schatzkammer Wien, SK_WS_XIII_5_6 und SK_WS_XIII_5_1.
Abb. 21 B. Tobias, in: F. Daim u. E. Lauermann (Hrsg.), Das frühungarische Reitergrab von Gnadendorf (Niederösterreich) (Mainz 2006) 22 Farbtaf. II, 2; 19 (Zeichung J. Ribbeck).
Abb. 22 K. Brunner, in: F. Daim u. E. Lauermann (Hrsg.), Das frühungarische Reitergrab von Gnadendorf (Niederösterreich) (Mainz 2006) 277 Karte 1 u. 2 nach Entwürfen von R. Zehetmayer.
Abb. 23-25 S. Felgenhauer-Schmiedt, in: F. Daim u. E. Lauermann (Hrsg.), Das frühungarische Reitergrab von Gnadendorf (Niederösterreich) (Mainz 2006) 256 Abb. 1; 260 Abb. 2; 262 Abb. 4.
Abb. 26 Photo Institut für Ur- und Frühgeschichte der Universität Wien (G. Gattinger).

Beitrag Pany
Abb. 1-3 Nach D. Pany u.a. in: F. Daim u. E. Lauermann (Hrsg.), Das frühungarische Reitergrab von Gnadendorf (Niederösterreich) (Mainz 2006) 46 Abb. 7a; 41 Abb. 4c; 38 Abb. 1a; 39 Abb. 2c.

Beitrag Schulze-Dörrlamm
Abb. 1-3: Entwurf M. Schulze 1984; Zeichnung M. Ober, RGZM.
Abb. 4 K. Schwarz in: Ausgrabungen in Deutschland Teil 4 (Mainz 1975) Beilage 40, 6.
Abb. 5 K. Schwarz, Führer zu bayerischen Vorgeschichts-Exkursionen 1 (Kallmünz 1902) Abb. 46.
Abb. 6 P. Reinecke in: Führer zu vor- und frühgeschichtlichen Denkmälern 18 (Mainz 1971) 239 ff.
Abb. 7 K. Leidorf u. P. Ettel, Burgen in Bayern, 7000 Jahre Burgengeschichte im Luftbild (Stuttgart 1999) 114.
Abb. 8 K.-H. Rieder in: Führer zu archäologischen Denkmälern in Deutschland 15 (Stuttgart 1987) 44 Abb. 18.
Abb. 9 The Antiquaries Journal 4, 1847, 74.
Abb. 10 1. I. Dienes, Die Ungarn in der Zeit der Landnahme (Budapest 1972) Abb. 10. – 2. K. Graf Lanckoroński, Der Dom von Aquileia (Wien 1906). Überarbeitet von M. Ober, RGZM.
Abb. 11 Photo V. Iserhardt, RGZM.
Abb. 12 Photo V. Iserhardt, RGZM.
Abb. 13 Entwurf: M. Schulze-Dörrlamm; Zeichnung: M. Ober, RGZM.
Abb. 14 F. Kalousek, Břeclav-Pohansko I. (Brno 1971) Abb. 20 und 275.
Abb. 15 I. Stork u. J. Wahl, Fundber. Baden-Württ. 13, 1988, 741 ff. Abb. 5.
Abb. 16 E. Drozdova, D. Parma u. J. Unger, Arch. Rozhledy 57/1, 2005, 170 Abb. 3-7.
Abb. 17 Entwurf: M. Schulze-Dörrlamm, Zeichnung: M. Ober, RGZM
Abb. 18 M. Schulze, Jahrb. RGZM 31, 1984, 486 Abb. 12
Abb. 19 F. Daim in: F. Daim u. E. Lauermann (Hrsg.), Das frühungarische Reitergrab von Gnadendorf (Niederösterreich) (Mainz 2006) 271 Abb. 3-5.
Abb. 20 Zeichnung: M. Weber nach M. Schulze-Dörrlamm 1988, Abb. 1 zu Fundliste 1.
Abb. 21 Ungarisches Nationalmuseum Budapest
Abb. 22 Entwurf: M. Schulze-Dörrlamm; Zeichnung: M. Ober, RGZM
Abb. 23 Schulze-Dörrlamm 2002, 115 Abb. 5.
Abb. 24 D. Gaborit-Chopin, Elfenbeinkunst im Mittelalter (Berlin 1978) 183 Nr. 33.

Heldengrab im Niemandsland –
Ein frühungarischer Reiter aus Niederösterreich
Eine Ausstellung des Römisch-Germanischen Zentralmuseums

Leihgeber
Ungarisches Nationalmuseum, Budapest
Städtisches Naturkundliches Museum, Göppingen
Xantus J. Múzeum, Győr
Herman Ottó Múzeum, Miskolc
Archäologische Staatssammlung, München
Archäologisches Institut der Slowakischen Akademie der Wissenschaften, Nitra
Jósa András Múzeum, Nyíregyháza
Niederösterreichisches Landesmuseum, St. Pölten
Württembergisches Landesmuseum, Stuttgart
Damjanich János Múzeum, Szolnok
Landesamt für Archäologie mit Museum für Ur- und Frühgeschichte Thüringens, Weimar (Steinsburg-Museum, Römhild)
Naturhistorisches Museum – Anthropologische Abteilung, Wien
Naturhistorisches Museum – Prähistorische Abteilung, Wien
Institut für Ur- und Frühgeschichte der Universität Wien

Wissenschaftliche Konzeption
Univ.-Doz. Dr. Falko Daim

Autoren und Redaktion
Evelyn Bott M.A.
Univ.-Doz. Dr. Falko Daim
Dr. Annette Frey
Dr. Reinhard Köster
Mag. Doris Pany
Dr. Mechthild Schulze-Dörrlamm
Juliane Schwoch M.A.
Mag. Bendeguz Tobias

Ausstellungstechnik und Graphik
Volker Iserhardt
Ulrike Lehnert
Rüdiger Lehnert
Waldemar Muskalla
René Müller
Michael Ober M.A.
Friedel Tratschitt

Ausstellungsorganisation
Pavica Brčić
Dr. Gisela Clauss
Mag. Dominik Kimmel
Svetlana Ruseva M.A.
Juliane Schwoch M.A.

Weiters danken wir:
Martina Bertl, St. Pölten
Dr. Walter Diethard, Weimar
Univ.-Prof. Dr. Sabine Felgenhauer-Schmiedt
Univ.-Prof. Dr. Herwig Friesinger, Wien
Dr. Anton Hegele, Göppingen
Dir. Dr. Anton Kern, Wien
Dr. Klaus-Georg Kokkotidis, Stuttgart
Dir. Dr. Tibor Kovács, Budapest
Dr. Ernst Lauermann, Asparn an der Zaya
Dr. Sven Ostritz, Weimar
Dr. László Révész, Budapest
Prof. Dr. Alexander Ruttkay, Nitra
Dr. Matej Ruttkay, Nitra
Univ.-Prof. Dr. Erik Szameit, Wien
Dr. Miklós Takács, Budapest
Univ.-Prof. Dr. Maria Teschler-Nicola, Wien
Dir. Prof. Dr. Ludwig Wamser, München

Druckerei Klein & Hiese GmbH, Klingenberg am Main
Oschatz Visuelle Medien GmbH u. Co. KG, Wiesbaden
Gesellschaft der Freunde des Römisch-Germanischen Zentralmuseums
Johannes Gutenberg-Universität Mainz
Lichthaus Lerch, Mainz
Mainzer Verkehrsgesellschaft
Touristik Centrale Mainz
Werbegemeinschaft Mainz
Weinhandel Böhme, Frankfurt am Main

Mit Unterstützung von:
Fiber Optics Schott AG